森瀬繁智（モゲ）

金持ち
起業女子
貧乏

隣の女性起業家はなぜ成功しているのか？

ERESA Publishing

今感じているその「苦しさ」は、
起業のやり方がほんの少し
ズレているだけなんです♪

はじめに
苦しい起業から「楽しい起業」へ

あなたは起業して、こんな経験はありませんか？

● **「ビジネスを立ち上げるのは思った以上に難しい」**

● **「これだけ頑張っているのに、なぜ結果が出ないんだろう」**

最初は意気込んでスタートを切ったのに、だんだん壁にぶつかり、収入も安定せず、不安な日々を過ごしている——そんな状況ではないでしょうか。

もしかしたら、**月に数十万円、あるいは100万円を超える収入を手にしたこともあるかもしれません。**でも、それが続かず、「**本当にこのやり方でいいのかな**」と自問する日々。

僕自身の経験から

実は、こんな偉そうに言っている僕自身も、起業当初は大変でした。

「努力すればきっとうまくいく」と信じて、毎日パソコンと向き合い、3年間休みなく働き続けました。

その結果、なんとか月収100万円は達成できたんです。でも、それも束の間。**働きすぎが原因でドクターストップがかかり、気づいた時には借金が3000万円も！**

途方に暮れていた僕に、妻がこんな言葉をかけてくれました。

「あなたは好きなことをやればいいの。お金は私が稼ぐから」

この言葉がきっかけで、**「苦しい起業」から「楽しい起業」へと180度方向転換することを決意したんです。**

そこから生まれたのが、僕の独自メソッド**「ワライフ」。**

このメソッドで僕自身が変わっただけでなく、**たくさんの女性起業家が「億女」へと成長し、幸せな成功を手にしていきました。**

なぜ「億女メーカー」と呼ばれているのか？

それは、クライアントさんたちが単に大きなお金を稼いでいるだけではありません。

彼女たちは**心からビジネスを楽しみ、豊かな人生を送るようになったからこそ成功を手にしたのです。**

実は、彼女たちも最初はあなたと同じように苦労していました。

収益が安定せず、起業自体を「苦しいもの」と感じていたんです。

でも、**「苦しい起業」から「楽しい起業」へと考え方や行動をシフトさせたことで、大きな転機を迎えました。**

その結果、安定した収入を手にし、最終的には億を超える成功を達成。

これまでに僕のサポートを受けた多数の女性起業家が**「億女」**として成功しています。

彼女たちに特別な才能があったわけではありません。

ただ、**正しい方法を学び、それをコツコツと実践した結果、時間と心の自由を手に入れ**

たのです。

「幸せなお金持ち」とは何か？

それは、**ただ収入を増やすことではありません。**

安定した収入を得ながら、心の自由や人生の充実感を大切にし、好きな時に好きなことができる――そんな生活を実現することです。

お金を稼ぐことはもちろん大切です。

でも、それだけに追われる生活は**真の幸せではありません。**

「自分自身や大切な人たちとの時間をもっと増やしたい」

そう感じているのではないでしょうか？

「幸せなお金持ち」とは、まさにそれを実現している人たちのことなんです。

稼げば稼ぐほどラクになる！ この最高の魔法

ここで、あなたに驚きの事実をお伝えしましょう。

僕のクライアントさんたちが口を揃えて言うのは、

「ビジネスが楽しくなり、結果的に稼ぐほど自由な時間が増えた」ということ。

これこそが、**「楽しい起業」**の真髄なんです。

普通に考えると、**お金を稼ぐほど忙しくなる気がしますよね。**

でも、実はその逆なんです。

ビジネスを成功させるには、ただがむしゃらに働くのではなく、効率的に仕組みを作り、楽しむことが重要。これが、**稼げば稼ぐほどラクになる魔法**の正体なんです。

陥りがちな誤りと解決法

多くの女性起業家が陥りがちな誤りは、

「成功するためにはとにかく頑張り続けなければならない」という思い込み。

でも、実際はその逆です。

●ビジネスは楽しみながら、正しい仕組みを構築し、適切に他の人に任せることが重要です。

●これにより、収益が安定し、自由な時間が増えていきます。

最初はすべての業務を自分でこなしていても、やがてチームを組織し、業務の一部を委任することで、**あなた自身の時間とエネルギーが増えていきます。**

そして、そのエネルギーを**より価値を生み出す活動に集中できるようになる。**

ビジネスが楽しいプロセスそのものになる

お金を稼ぐことが単なる手段ではなく、

ビジネスが楽しいプロセスそのものに変わっていく瞬間が訪れるんです。

その結果、あなた自身だけでなく、周囲の人々も幸せにすることができるようになります。

ビジネスが生み出す豊かさは広がり続け、あなたの成功をさらに後押ししてくれるでしょう。

この本で手に入れられる3つの価値

この本を通じて、あなたは以下の**3つの価値**を手に入れることができます。

1　苦しい起業からの解放

- **なぜ今まで苦しかったのかが分かる**
- **どこを変えればラクになるのかが見える**
- **すぐに実践できる具体的な方法が分かる**

2　楽しく稼ぐための具体的メソッド

- **お金持ちになるための正しい順番が分かる**

・自分に合った稼ぎ方が見つかる

・仕組み化とチーム作りの方法が分かる

3　幸せな成功者になるための心と仕組み

・なぜ億女は輝いているのかが分かる

・どうすれば楽しみながら成長できるのかが分かる

・お金も愛も両方手に入れる方法が分かる

7つの魔法への招待

この本では、僕が提唱する**「楽しい起業」**のメソッドをお伝えします。
具体的には、**7つの魔法**を通じてあなたを導いていきます。
それぞれの魔法には、以下のような秘密が隠されています。

7つの魔法の全体像

① **マインドの魔法**

今の「頑張り屋さん脳」から「お金持ち脳」への切り替え。これが第一歩です。

② **運気アップの魔法**

波動を上げて、運を味方につける。これで、チャンスがどんどん舞い込んできます。

③ **お金の魔法**

お金の器を広げていく。実はこれ、才能とは関係ないんです。

④ **幸動（行動）の魔法**

「幸せに動く力」を手に入れる。これがあると、行動がどんどん楽しくなります。

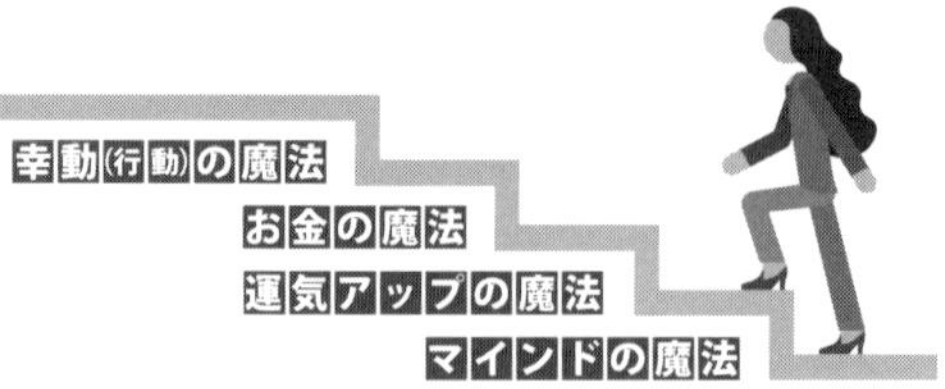

⑤ 習慣の魔法

小さな成功体験を積み重ねて、自然とお金が引き寄せられる体質になります。

⑥ 成幸（成功）の魔法

理想の自分に近づくための具体的なステップを作り上げていきます。

⑦ 幸せの魔法

最後は、全てを幸せへと結実させていく。あなたらしい「億女」の形を見つけます。

この道のりは、順を追って進んでいきます。

まず「お金持ち脳」へのマインドセット変革から始まり、運と波動を味方につけ、お金の器を広げていきます。

そして実践的な「幸動力」を身につけ、それを習慣化。最後は「成幸術」で億女としての成功を掴み、すべてを幸せへと結実させていきます。

さあ、「億女」への道へ

あなたも**「金持ち起業女子」そして「億女」**への道を歩み始めませんか？

これまでの苦しさを乗り越えるために必要なのは、**ほんの少しの方向転換だけ。**

そのシフトチェンジさえできれば、**あなたのビジネスは大きく変わり、今まで以上に安定し、成長していくはずです。**

既に起業経験があり、自己投資にも積極的なあなたなら、**今こそビジネスのやり方を少し見直し、「楽しい起業」へとシフトするタイミングが来ています。**

次の章からは、**あなたがもっとラクに、もっと楽しく、そしてさらに大きく稼げるようになるための7つの魔法**を紹介します。

これらは僕がサポートした多くの女性起業家たちを成功へと導いた秘訣でもあります。

それでは、さっそく7つの魔法の世界へ出発しましょう！

本書を手にしていただいたあなたへの、
特別なプレゼント！

「金持ち起業女子、貧乏起業女子」を
お読みくださったあなたへ、
ビジネスで成功をつかむための
豪華5大LINE特典をご用意しました。

特典1　億女診断

あなたに秘められた“大きな成功を生み出す力”をチェックできる特別な自己診断ツール。これが、あなたを“億女”への道へと導く第一歩になります。

特典2　モゲAI（お試し版）

モゲ氏自身の考え方を詰め込んだ特別なAIツール「モゲAI」をお試しいただけます。あなたのビジネスアイデアを洗練し、最適な戦略へと導くパートナーとして、新たな発想を支援し、あなたの行動を加速させます。

特典3　「隣の金持ち起業女子はこうして誕生した！」インタビュー動画

すでに豊かな成功を手にしている女性起業家たちが、どのような戦略やマインドでビジネスを築いたのか。そのリアルな声から、明日へのヒントがきっと見つかります。

特典4　誰も知らない！億女になる人の学び方（スペシャル動画）

学校では教えてくれない月7桁、8桁稼ぐ人たちの学び方を余すことなく共有するスペシャル動画です。その内容は、あなたの価値観や戦略を大きく揺さぶり、新たな可能性を拓いてくれるでしょう。

特典5　各章のチェックリスト

本書で学んだ内容を確実に身につけるために、各章ごとにポイントを整理したチェックリストをご用意しました。「今の自分に不足しているのは何か」「明日から何を実践すべきか」といった視点で、ビジネスの進め方をもう一度見直せます。

特典の受け取り方

LINEへの登録方法

右記のQRコードをスマホで
読み込んでお友達追加を
行ってください。

https://eresa-publishing.co.jp/lngy

もくじ

第3章…お金の魔法 ―― 億万長者が実践している「お金と幸せ」のルール

第1章

マインドの魔法

今日からあなたを「億女脳」に切り替える

この章のゴール

この章では、**「億女脳」とは何か**を理解し、誰でも**お金に対するマインドを変えることで人生を劇的に変えられる**ことを学びます。

- **お金に対する考え方が人生を左右する仕組み**を理解する
- **ネガティブな思い込みを外し、「お金持ち脳」への切り替え方**を習得する
- **不安や罪悪感から解放され、億女への第一歩を踏み出すための思考法**を身につける

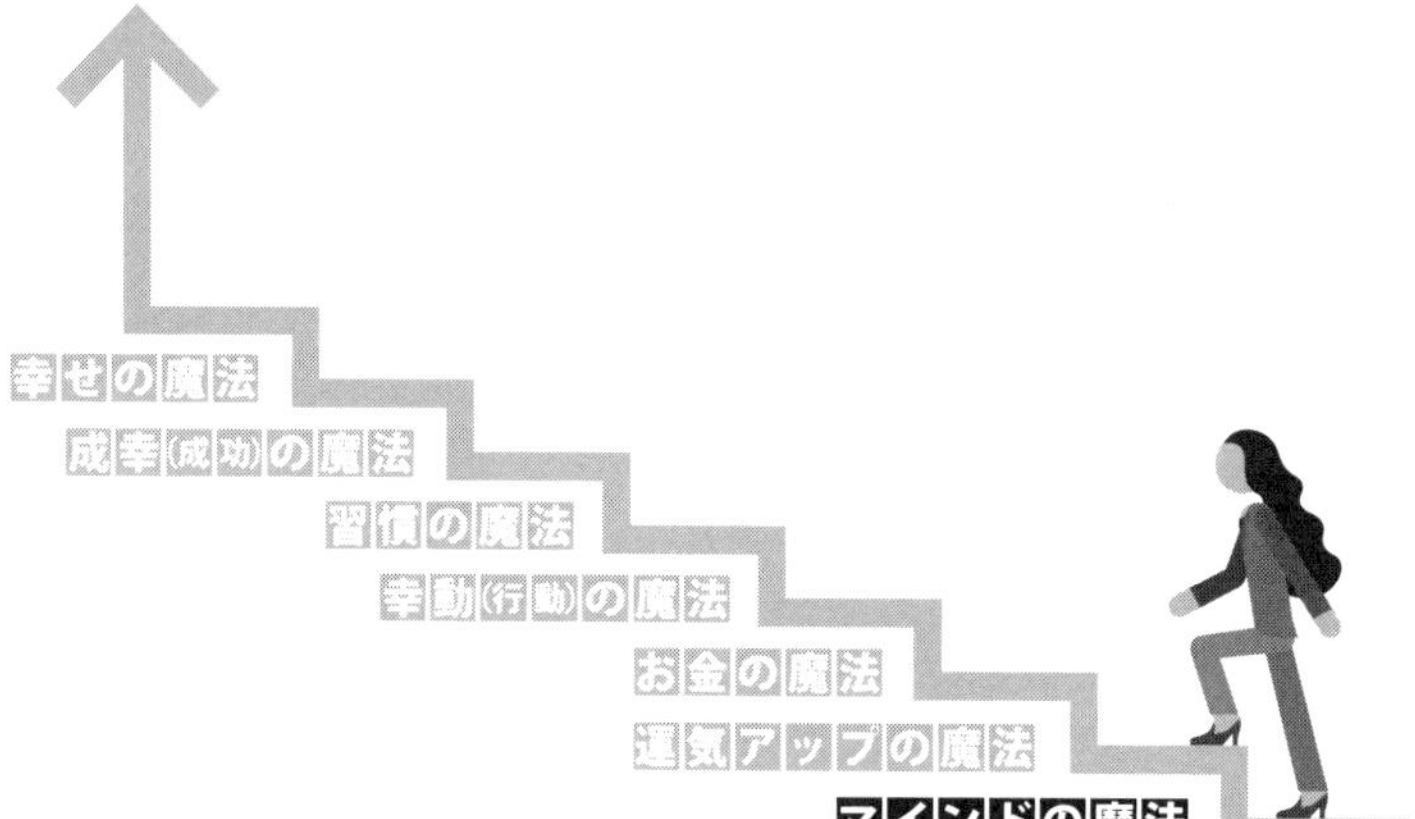

「お金」という言葉を聞いて、あなたはどんな気持ちになりますか？

ワクワクしますか？　それとも不安になりますか？

あるいは、**罪悪感**を感じたりしませんか？

実は、この質問への答えが、**あなたの人生を大きく左右する**んです。

なぜなら、**お金に対する考え方**が、あなたの行動を決定し、その行動が結果を生み出すからです。


僕は以前、**3000万円もの借金**を抱えていました。

その頃の僕にとって、「お金」という言葉は**重荷**でした。

聞くだけで胃が痛くなり、夜も眠れないほどでした。

毎日、どうやって返済しようかと頭を悩ませ、**人生のよろこびを感じる余裕**すらありませんでした。


しかし今、僕にとって「お金」という言葉は、**可能性と自由と愛**を意味します。

「お金」と聞くと、**ワクワクが止まらなく**なるんです。

家族との幸せな時間、新しい挑戦、そして誰かの人生を変えるチャンス。

これら全てが、「お金」という言葉に詰まっているからです。

何が変わったのでしょうか？

それは、お金に対する**「マインドセット」です。**

マインドセットとは、物事に対する考え方や姿勢のことです。

お金に対するマインドセットを変えることで、僕の人生は180度変わりました。

そして、僕だけでなく、僕のクライアントさんたちも同じように人生を変えていったのです。

例えば、以前は月収0円だった女性が、今では**年商3億円**を稼ぎ出し、ベルギーに移住して暮らしています。

彼女の人生を変えたのも、このマインドセットの変化でした。

この章では、あなたのマインドセットを**「貧乏脳」**から**「お金持ち脳」**に切り替える方法をお伝えします。

具体的には、以下の**5つのポイント**について詳しく解説していきます。

1　お金への向き合い方をシフトチェンジする4つの方法
2　お金持ちになれない人の特徴と、その克服法
3　潜在意識を「お金持ちモード」に書き換える方法
4　不安と友達になる！永久に不安から解放される方法
5　100万円を超えて苦しくなる人、ラクになる人の違い

これらを学び、実践することで、あなたも**「億女」への道**を歩み始めることができるはずです。

お金に対する考え方を変えるだけで、人生はあっという間に変わります。

その変化を、あなた自身の目で確かめてみませんか？

準備はいいですか？

それでは、**お金持ちになるための魔法の扉**を開いていきましょう！

お金の稼ぎ方が変わる！ ４つのシフトチェンジ術

お金を稼ぐ方法って、実は**たった４つしかない**んです。

えっ、たった４つ？ と思われるかもしれませんが、本当なんです。

では、その４つを見ていきましょう。

１　常識的に稼ぐ

これは、みんながやっているような**普通の方法**で稼ぐことです。

会社に就職して、毎日決まった時間に出勤して、決まった仕事をこなして、決まった給料をもらう。

安定していて悪くはないですが、**大きく稼ぐのは難しい**ですし、なにより**楽しくない**かもしれません。

2　非常識に稼ぐ

これは、普通の人が考えもしないような**非常識な方法**で稼ぐことです。

例えば、突然思いついたアイデアを事業化して**大成功を収める**とか。

儲かる可能性は高いですが、**リスクも高い**です。そして、自分の本当にやりたいことじゃないかもしれません。

3　自分らしく稼ぐ

これは、自分の**好きなこと、得意なこと**を生かして稼ぐ方法です。

好きなことだから**楽しく働けますし、やりがい**も感じられます。

ただし、**世間のニーズとマッチしない**と、なかなか大きく稼げないかもしれません。

4　自分らしく非常識に稼ぐ

そして、これが私が**あなたにお勧めする方法**です。

自分の好きなこと、得意なことを生かしつつ、**誰も思いつかないような斬新なアプローチ**で稼ぐんです。

これなら、**楽しく、やりがいがあり、そして大きく稼げる可能性**が高いんです。

例えば、僕のクライアントさんに、**旅行が大好きな女性**がいました。

彼女は、旅行の写真を撮ることが趣味だったんですが、それを仕事にしようと思いついたんです。

でも、普通の旅行写真家になるんじゃなくて、

「旅行の楽しさ、素晴らしさ、美しさ、裏技を伝える」というコンセプトで、**SNSで発信**を始めたんです。

これが**大当たり！**

今では、**企業とコラボ**したり、**書籍を出版**したりと、年収１億円を超える「億女」になりました。

これこそが、**「自分らしく非常識に稼ぐ」**の典型例です。

自分の好きなこと（旅行）を、**誰も思いつかないアプローチ**（誰でもできる最高の旅行）で仕事にした。そして、それが**世間のニーズとマッチ**して、大成功を収めたんです。

あなたも、**自分の好きなこと、得意なこと**は何かありますよね？

それを、**誰も思いつかないような方法**で世の中に提供する。

そうすれば、**楽しみながら、そして大きく稼ぐ**ことができるんです。

お金持ちになるためには、「自分らしく非常識に稼ぐ」

この方法を意識的に選ぶことが大切です。

それが、**あなたのお金への向き合い方**を大きく変え、**人生をより豊かにしていく**はずです。

さあ、あなたはどの方法で稼ぎますか？

自分らしさを生かしながら、非常識なアプローチを考えてみてください。

きっと**新しい可能性**が見えてくるはずです。

貧乏起業女子のクセと、その攻略法

ちょっと考えてみてください。周りにいる、**いつもお金に困っている人たち。**

彼女たちには**共通点**があるんです。

その共通点を知ることで、**自分自身の行動パターンを見直すきっかけ**になるかもしれません。

では、**お金持ちになれない人の特徴**を見ていきましょう。

1　行動が遅い

「考えてから行動しよう」

これ、一見良さそうに聞こえますよね。

でも、**考えすぎて行動に移せない人**が多いんです。

僕が**億女たち**を見てきて気づいたのは、彼女たちは「とりあえずやってみる」という**姿勢**を持っているということ。

失敗を恐れずに、**まず行動を起こす**んです。

神様は**思いついて48時間以内に行動した人を応援**すると聞いたことがあります。

それなら、うまく神様に応援してもらいましょう!

克服法…「TK(とりあえず考える)」ではなく、「TY(とりあえずやる)」を実践しましょう。

2　自分を正当化する

完璧を求めすぎず、まずは**小さな一歩**から始めてみてください。

「今の環境が悪いから」「運が悪いから」「才能がないから」

こんな風に、自分の現状を**正当化**していませんか？

お金持ちになれない人は、自分の責任を**他人や環境のせい**にしがちです。

でも、それでは**何も変わりません。**

あなたも気づいてるとは思いますが、人は変えられません。

自分が変えられるのは**自分だけ**です。

自分だったら今すぐにでも変えられるからラッキーです。

壁にぶつかったら、

「今、自分は何に気づけばいいんだろう？」

「自分が変化させるのは何だろう？」

と自分に聞いてみてください。

克服法…自分の人生は自分で選択していると認識しましょう。

そして、現状を変えるために**自分に何ができる**かを考え、実行に移してください。

3　適切でない人に相談する

●起業したいのに会社員の友達に相談する。
●投資について、投資をしたことがない人に聞く。

こんなことをしていませんか？

それって英語を話せない人に英語を一生懸命教わるようなものです（笑）

当たり前過ぎて笑い話のように思われますが、こういう方、すごく多いです。

お金持ちになれない人は、こんな当たり前のことを忘れて、**適切でない人に相談**をしがちです。

その結果、的確なアドバイスを得られず、成長の機会を逃してしまいます。

克服法…目標を達成している人、あるいはその道の**プロフェッショナル**にアドバイスを求めましょう。

彼らの経験から学ぶことで、自分の成長を加速させることができます。

診断ツールで現状を知る

ところで、あなたは今、どのくらい「億女」に近い状態なのか、気になりませんか？

実は、**「億女診断」**という無料のツールを用意しています。

これを使えば、**あなたがどの特徴を優先的に克服すべきか**が分かるんです。

①下のＱＲコードを読み取るか、ＵＲＬにスマートフォンでアクセス

②友だち追加

③**「億女診断」**とメッセージを送信

億女診断はこちら

https://eresa-publishing.co.jp/lngy

診断結果では、あなたの**現在地**から億女への**最短ルート**が分かります。

適切なアドバイスを得るための第一歩として、まずは自分の現在地を知ることから始めてみませんか？

もちろん**無料**ですので楽しみながらやってみてくださいね！

4　お金に対してネガティブな感情を持っている

「お金は汚い」「お金持ちは悪い人」

こんな考えを持っていませんか？

お金に対して**ネガティブな感情**を持っていると、無意識のうちに**お金を遠ざけてしまいます。**

だって、自分がお金だったら、自分のことを悪く言う人のところに行きたくないですし、お金持ちは悪い人だと思ってたら、そんな悪い人に人はなりたくないですからね。

お金も人と同じ。

お金が喜んで来たくなるような人になっちゃいましょう。

克服法…お金は**中立的なツール**だと認識しましょう。

お金そのものに**善悪はなく**、使い方次第で**世界をより良くする**こともできるのです。

お金に対して**ポジティブな感情**を持つように心がけてください。

5　学ぶことを止める

「もう十分知っている」「これ以上学ぶ必要はない」

こんな風に思っていませんか？

コレ、モゲ用語では **「老化」といいます。**

余談ですが、美しさを諦めた女性を「おばさん」とも言います（笑）。

お金持ちになれない人は、**学ぶことを止めてしまいがち**です。

でも、世界は常に変化しています。**学び続けること**が、成功への近道なんです。

ウォルト・ディズニーは言います。


「現状維持は後退を意味する」

昔からそういうもんです。


克服法…常に**新しいことを学ぶ姿勢**を持ちましょう。

本を読んだり、セミナーに参加したり、成功している人の話を聞いたりして、
自分の**知識とスキル**を常にアップデートしてください。

これらの特徴に心当たりがある人も、落胆する必要はありません。

気づくことができたなら、それはすでに**変化の第一歩**を踏み出したということです。

一つずつ克服していけば、**必ずお金持ちへの道が開けます。**

自分を信じて行動を起こしていきましょう！

さあ、あなたはどの特徴を最初に克服しますか？

その選択が、あなたの「億女」への第一歩となるかもしれませんよ！

「お金持ちモード」スイッチの入れ方 潜在意識の書き換え術

実は、多くの人が気づいていないんですが、私たちの行動や結果のほとんどは、**潜在意識**によってコントロールされています。

つまり、頭では「お金持ちになりたい」と思っていても、潜在意識が**「貧乏モード」のまま**だと、どんなに頑張ってもお金は遠ざかっていくんです。

これが分かってないと、運良くお金持ちになって「貧乏」は治っても、**「貧乏性」**のままなので、お金持ちは続かず、すぐに貧乏に戻ってしまいます。

でも、安心してください。**潜在意識は、正しい方法で働きかければ、驚くほど簡単に書き換える**ことができるんです。

それでは、具体的な方法を見ていきましょう。

1　お金に対する感情を意識する

まずは、「お金」という言葉を聞いたときの**自分の反応**を観察してみましょう。

緊張する？　不安になる？　それとも、ワクワクする？

実際にやってみてください。**目を閉じて、「お金」と声に出してみる**んです。どんな感情が湧いてきますか？

多くの人は、お金に対して**ネガティブな感情**を持っています。

●「お金は汚い」

●「お金があると人が離れていく」

なんて思っていませんか？

（でも、安心してください。日本人の**8割はそう思ってます**（笑））

こういった考えがあると、無意識のうちにお金を遠ざけてしまうんです。

だって、好きじゃないものを引き寄せようとは思わないでしょう？

ここで大切なのは、**その感情に気づくこと。**気づくことができれば、それを変えることができるんです。

お金に対してポジティブな感情を持てるようになることが、「お金持ちモード」への第一歩です。

● 「お金があれば、もっと多くの人を助けられる」

● 「お金は幸せを運んでくれる道具だ」

といった考え方に切り替えていきましょう。

2　感謝の気持ちを持つ

次に大切なのは、**感謝の気持ち**です。今あるものに感謝することで、**豊かさを引き寄せる**ことができるんです。

毎日、お金に関することで感謝できることを**3つ書き出してみましょう。**

例えば…

●「今日おいしいランチが食べられて感謝」
●「電車賃が払えて感謝」
●「布団で暖かく眠れて感謝」など、

小さなことでも構いません。

最初は「そんなの当たり前じゃない？」と思うかもしれません。でも、**当たり前と思っていることこそ、実は大きな豊かさ**なんです。

それに気づくだけで、あなたの潜在意識は「自分はすでに豊かだ」とインプットし始めます。

そうすると不思議なもので、**さらに感謝できることが増えていく**んです。それはまるで、**感謝の雪だるま効果**のようなものです。

お金は感謝を表したものです。何事も「当たり前」と思うと「感謝」もなくなり、お金もあっという間になくなってしまいます。

なので、お金が足りないなと思ったときほど**「感謝」に気づくチャンス**なんです！

3　お金の循環を意識する（お金は使うものではなく、回すもの）

お金は**循環するもの**です。

使うことを恐れず、必要なところにお金を使う勇気を持ちましょう。

よく「倹約」や「節約」が美徳だと言われますが、それは間違いです。

必要以上に節約することは、**お金の流れを止めてしまう**んです。

人間の体の血液と同じように、**お金は循環させて経済を活性化**させるもの。

人間の血液を止めたら人間はどうなります？

想像したら分かりますよね。あっという間に倒れちゃいます。お金の循環もそれと同じです。

もちろん、無駄遣いをしろという意味ではありません。

大切なのは、**価値あるものにはきちんとお金を使うこと**です。

- 自己投資や、
- quality of life（生活の質）を高めるものにはお金を使いましょう。

同時に、自分の価値に見合った**対価を受け取ることも大切**です。
これは**「与える」**と**「受け取る」**のバランスを取ることになります。
多くの人が、
●「与える」ことは得意なのに、
●「受け取る」ことが苦手です。
でも、受け取ることを拒否すると、**お金の循環を止めてしまう**んです。
自分の価値をきちんと認識し、それに見合った対価を**堂々と受け取りましょう。**
それが、お金の健全な循環を生み出すんです。

5　言葉の力を活用する

言葉には**大きな力**があります。
特に、自分自身に対して使う言葉は要注意です。
●「お金がない」
●「貧乏だ」

●「私には無理だ」
といったネガティブな言葉を、
●「お金は今も増え続けている」
●「豊かさに満ちている」
●「私にはできる」
という**ポジティブな言葉**に置き換えてみましょう。

最初は違和感があるかもしれません。

でも、**繰り返すうちに自然**になってきます。そして、それが**新しい現実**を作り出すんです。

「でも、実際は全然良くなってないよ！」

そういう気持ちはよく分かります。

だって、今は偉そうなことを言ってるモゲも**借金が3000万円**ありましたから（笑）

では、そんなひとはこう言ってみましょう：
●「お金は今も増え続けてる（かも）」

●「社会は豊かさに満ちている（かも）」
●「私にはできる（かも）」
コレをモゲ用語で**「かも」の法則**といいます（笑）。

6 行動を変える

潜在意識は、繰り返しの行動によっても変わります。

お金持ちになりたいのなら、**お金持ちのような行動**を意識的に取り入れてみましょう。

例えば…
●高級ホテルのラウンジでお茶を飲む
●美術館に行く
●一流レストランでランチを食べる
こうした、ちょっとした**「背伸び」**から始めるのもいいでしょう。

「えっ、そんなの贅沢じゃない？」って思うかもしれません。

でも、これは**投資**なんです。

お金持ちの世界を体験することで、潜在意識が「これが当たり前の世界なんだ」と認識し始めるんです。

それに、高級ホテルのラウンジでお茶を一杯飲むだけなら、そんなに高くはありません。

でも、その体験から得られるものは、お茶代の何倍もの価値があるんです。

僕自身は**借金3000万円あるときから、夫婦で毎月一回だけ、ランチを食べてました。**

ディナーではなくランチというところが超大事なところです。

だって、ランチはディナーの半額ぐらいでおいしく食べられますからね。

正直、当時は月に1回モスバーガーに行くのも妻と相談してたぐらい生活が苦しかったので大変でしたが、

今となっては**「あの時はいろいろあったけど、やってよかったね」**と笑っていえる夫婦になりました。

7　お金持ちと付き合う

「類は友を呼ぶ」という言葉があります。

周りの環境は、私たちに大きな影響を与えるんです。

できるだけ、**お金持ちや成功者**と付き合うようにしましょう。

彼らの考え方や行動パターンを学ぶことができます。

「でも、私の周りにはお金持ちなんていないよ」って思うかもしれません。

大丈夫です。

直接会わなくても…

● 本を読む

● セミナーに参加する

これで間接的に付き合うことができます。

成功者の自伝を読んだり、彼らのインタビュー動画を見たりするのも効果的です。

そうすることで、**お金持ちの思考パターンが自然と身につく**んです。

ちなみに僕の本も、今回の著書を含めて7冊（海外出版も合わせると計11冊）ありますので、いつでも読めますよ（笑）。

8　継続は力なり

最後に、一番大切なのは**継続**です。

潜在意識を書き換えるには時間がかかります。

焦らず、コツコツと続けることが大切です。

「とりあえずやってみる（TY）」の精神で、小さな一歩から始めましょう。

そして、「どうせうまくいく（DU）」と信じて続けていくんです。

1日や2日では大きな変化は感じられないかもしれません。

でも、1カ月、3カ月、半年と続けていくうちに、**驚くほどの変化**が起こります。

人は毎日1％成長すると、年間で約37倍成長します。

でも、毎日1％サボり続けると驚いたことに、1年後には**0・03倍**まで成長は低下してしまうのです。

ほんと、おとなになっても日々の成長って大事です。

ということで、今日から早速始めてみませんか？

一日早く始めたら、一日早く幸せなお金持ちになりますからね。

2022年8月31日に総務省統計局が発表したデータによると、現在の社会人の**平均勉強時間は一週間で7分。**

これって勉強してる人の勉強時間の平均は週全体で123分ですが、全く勉強してない0分の人が多く約96％なのです。

ということは、あなたが毎日2分でも勉強すれば、**ほとんどの人をごぼう抜きできるのです！**

今、この瞬間から、あなたも「お金持ちモード」にスイッチを入れましょう。

そして、豊かで幸せな人生への扉を開いてください。

きっと、驚くほどの変化が待っていますよ。

不安と仲良くなる！永久に悩まない心の持ち方

多くの人は「起業は石橋をたたいて渡れ」と言いますが、僕はそれとは少し異なるアプローチを提案します。

「石橋が崩れても泳げる場所でやればいい」のです。

なぜなら、石橋がいつ崩れるかは誰にも分かりません。

高い場所で仕事をしていれば、崩れたときに大きなダメージを受けてしまいます。再起不能になります。

だからこそ、**できることから少しずつ始めることが大切**なのです。

ここからは、不安と友達になるための**具体的な方法**を5つご紹介します。

1　不安は「成長のサイン」と捉える

まず覚えておいていただきたいのは、不安は**「成長の前兆」**だということです。

新しいことに挑戦するとき、不安を感じるのは自然な反応です。

それは、今までの**「コンフォートゾーン」**から一歩外に出ようとしている証拠なのです。

例えば、起業して初めての大きな投資をする際…

- 「このお金は無駄にならないだろうか」
- 「本当にこれで成功するのだろうか」

と不安になるのは当然です。

しかし、これは**「あなたが次のレベルに進もうとしているサイン」**なのです。

実践法…

●不安や壁を感じたら、「最初は何でも大変だからね」と自分に言い聞かせましょう。

●不安を感じるたびに、

「ここでみんな諦めるんだな！　ということは、ここで諦めなければ誰よりも成功するチャンスだ!!」

と捉える習慣をつけることで、次第に不安に対する抵抗感が薄れていきます。

2　不安に名前をつけて、感情を「分離」させる

次に紹介するのは、**不安に名前をつけるテクニック**です。

これは非常に効果的な方法です。

例えば、あなたの中に**「ファンティーヌちゃん」というキャラクターを作ってみてください。**

不安が襲ってきたら、「また、ファンティーヌちゃんがやってきたな」と声をかけるのです。

そうすることで、不安が可愛くなり、不安が出るたびに笑えてきます。そうすることで不安な感情を分離することができ、客観的に見れるようになります。

実践法…

●あなたの不安に、ユーモアを交えて名前をつけてみましょう。

・「ファンティーヌ」でも「心配ちゃん」でも、何でも構いません。

●不安が現れたとき、**「はーい、ファンティーヌちゃん。今日も元気?」**と話しかけてみてください。

3 「最悪のシナリオ」を書き出してみる

不安は、頭の中でぐるぐると回っているだけだと、どんどん大きくなってしまいます。

そんなときは、**最悪のシナリオを紙に書き出してみる**ことをおすすめします。

例えば、大きな投資を考えているときに「失敗したらどうしよう」と不安になったら、

●「最悪の場合、投資が全て無駄になる」
●「クライアントさんが減る」

といったように、具体的に書いてみましょう。

そうすると、意外にも**「思ったほど大したことではないな」**と気づくことが多いのです。

また、**具体的な対処法**も見えてくるでしょう。

実際、僕は以前、ホームレスの人たちを見ていて気づきました。

男性のホームレスはたくさんいますが、**女性のホームレス**はほとんどいないのです。

女性は何があっても生きる術を持ってるんです。

それでもやっぱり怖い。

そんなひとはこの話を覚えておいてください。

僕が**借金３０００万円あるとき**の話です。

金持ちの友人たちに「お金がなくなったらと思うと怖くない？」と聞いたら、驚いたことに、

「そのときはみんなで一列に並んで楽しくホームレスをやろう！　誰が一番お金をもら

えるか競争したら楽しいでしょ」

とぶっ飛んだ回答をしてきました（笑）。

たしかにそうだなぁ。それも面白いね！　とめちゃ納得して、**不安が笑いに変わったこ**とを覚えています。

起こる出来事はみんな同じ。要はそれを楽しめるかどうかがカギです。

実践法…

●不安を感じたら、最悪のシナリオを全て紙に書き出してみましょう。

●そのシナリオが現実になった場合の対策も一緒に考えてみてください。

4　「不安を感じても行動する」という習慣を身につける

お金持ちや成功者も、**みな不安を感じています。**

しかし、彼らは**不安があっても行動し続ける**のです。

僕の経験では、次の一歩を踏み出すのが怖いと相談された際に、

「でも、一生貧乏のほうがもっと怖いですよ（笑）」

と言ったところ、

「たしかにそうですね！　やってみます!!」と笑顔になり、行動が加速して**月8桁稼いだクライアント**さんもいます。

ほんと、楽しく稼ぐことは大事です。

実践法…

●不安を感じても、「それでも進む」と決意してください。

●毎日、小さな一歩でも構いませんので、**不安に立ち向かうアクション**を取ってみてください。

5　不安は大事だということに気づく

不安がなければ、おんぼろ飛行機にパラシュートなしで乗っているようなものです。

もし、起業が不安だ、将来が不安だという悩みがありましたら、それを否定せずに、**一つ一つの対策を練っていけば楽しい**ですよ。

例えば…

●雨が降りそうなら傘を持っていけばいい。

●起業してお金がなくなるかも、と思ったならお金を貸してくれそうな人を前もって探しておけばいい。

実際、僕は10年以上前に、お金持ちの友人たちに、

「今のお客さんは今のモゲちゃんにとって成長を止めるお客さんだから、全員手放したほうがいい」

と言われたことがあります。

でも、そのときは**やっと月収100万を稼げたとき**でした。

なので、そんなことできるか！　と聞き流してました（笑）。

で、あるとき、そのお金持ちの友人たちみんなで温泉に浸かっているときも全員に同じことを言われたので、

「よし、分かった！そこまでいうならちょっと待ってて!!」

と一人お風呂から上がり、脱衣所まで行き、スマートフォンを持ってきました。

そして

「みんながそんなに言うなら僕は今までのお客さんを全て卒業させる。でも、僕には大事な家族がいる。ぶっちゃけ今、僕は毎月50万円あれば生活できる。なので、今のお客さんを全て卒業させて収入がなくなったら、無利子無期限で50万貸してもらえる？」

と確認すると、みんなが笑顔で**「いいよ〜」**との返事。

それを証拠として録音し、安心してそれまでのお客さんを全て卒業させました（笑）。

しかし、なぜかその後、お金は減らず、誰一人からも友人にお金を借りることもなく、素敵なお客さんばかり集まり、今では幸せなお金持ち、**億女メーカー**と呼ばれるようになりました。

【不安】はやっぱり大事です。

今のあなたの不安は、将来あなたを助けるためにあるんです。

100万円の分かれ道　苦しい人とラクな人の違い

ビジネスの世界には多くの壁が存在します。その中でも特に重要な節目となるのが、**月商100万円の壁**です。

この壁を超えた瞬間、多くの起業家は**大きな達成感**を味わいます。

しかし、その後の道のりは人によって**大きく二分**されるのです。

ある人々は、この100万円の壁を越えた後も**苦しさ**を感じ続けます。

一方で、別の人々はこの達成を機に、**よりラクになった**と感じるのです。

一体、何がこの違いを生み出すのでしょうか。

その答えは、「マインドセット」と「行動のパターン」にあります。

苦しくなる人の特徴：限界思考にとらわれる

100万円を達成した後に苦しくなる人々には、ある共通点があります。
それは、達成後すぐに**「この先どうしよう」という不安に襲われる**ことです。
●「これ以上どうやって稼ぎ続ければいいのだろう？」
●「また同じように頑張らなければいけないのか」
このような**思考にとらわれる**と、次のステージに進むことが恐ろしくなってしまいます。
これが**「限界の壁」**です。
彼らは自らの成功体験を、将来への不安材料に変えてしまうのです。
しかし、この苦しさこそが、**実は次の成長のチャンス**なのです。

苦しさを解消する方法：楽しくラクに稼いでいる人に教わる

100万円の壁を超えて苦しさを感じているなら、それは**「稼ぎ方を変えるべきとき」**だと捉えましょう。
ここで重要になるのが、**「誰に相談するか」**という概念です。

●100万円以上稼いでいても苦しい人に教わると、苦しい稼ぎ方を教えられます。

●その教えた人は決して悪気があるわけではありません。ただ、それが自分の成功方法だったというだけです。

●それしか知らないからしょうがないのです。

ポイント

●**楽しくラクに稼いでいる人**に相談することで、新たなアプローチを学べます。

●**ラクな稼ぎ方を知る人からの教え**が、あなたの次のステージを開くカギになるのです。

ラクになる人の特徴：成功体験を糧にする

対照的に、**100万円の壁を越えて「ラクになる」人々**は、この達成を**単なる通過点**として捉えます。

彼らは100万円を稼いだという事実から、

「自分にはその力がある」という確信を得て、その自信を次のステップに生かすのです。

ここで重要なのは、**「DU（どうせうまくいく）」のマインド**です。

このポジティブな思考を持つ人は、１００万円を一つの通過点として捉え、次の目標に向けて**楽しみながらビジネスを展開**していきます。

ラクになるための秘訣：「成長」を信じて行動する

１００万円を超えてラクに進むために必要なのは、**「行動の質を高める」**ことです。

●ビジネスの中で何が成功につながったのかを分析し、

●その成功体験を次に生かすことが重要です。

僕自身も働きすぎて**ドクターストップ**になるという過去に大きな壁にぶつかりました。

しかし、その経験から、

「次はもっと楽しくラクに仕事をしないと無理だ」

ということに気づき、ワライフという働き方ができたのです。

楽しくラクに稼ぐ方法が見えてくると、それを繰り返すことで、より効率的に、そしてラクに稼げるようになります。

ビジネスは自転車に乗るのと同じで、難しいのは最初だけ。
あとは、**口笛吹いてでも乗れるよう**になります。

ここで大切なのは…

●無理に頑張り続けるのではなく、
●「自分の得意なことや好きなことを生かして、どうやって収入を増やせるか」を常に考えること。
そうすることで、**次のステージへの道筋が自然と見えてくる**のです。

100万円は「スタートライン」にすぎない

最後に強調したいのは、
僕は月に100万円は誰でも稼げると思ってるし、100万円という数字はあくまで一つの通過点にすぎないということです。

ビジネスの世界では、１００万円を稼ぐことができれば、その先にもっと**大きな可能性**が待っています。

ここで立ち止まるのではなく、**「次の目標は何か？」**を常に考え、行動し続けることが重要です。

僕のクライアントさんたちも、１００万円を達成したときに、

● **「もうこれで十分」**とは思わず、

● **「次にどう成長するか」を一緒に考え、さらに大きな成果を上げていきました。**

１００万円はスタートラインです。

そこからどれだけ楽しんで稼ぎ、成長していけるかは、あなた次第なのです。

１００万円を超えたときに苦しくなるかラクになるかは、あなたの「マインドセット」と「行動」によって決まります。

苦しく感じるなら、そのタイミングこそ**「次のステージに進む合図」**だと捉えましょう。

誰に教わるかをちゃんと見極め、**ラクに稼げる方法**を見つけて、

●次の100万円、
●そしてその先へ
と進んでいきましょう！

あなたの人生を、お金に縛られるのではなく、**お金を味方につけて豊かにしていく。**

それこそが、本当の意味での**「お金持ち脳」**なのです。

この章で学んだ**マインドセットの変革**は、
億女になるための「基礎工事」です。
家を建てるときと同じように、
しっかりとした基礎があってこそ、
その上に大きな成功を積み上げることができるのです。
次章からは、この基礎の上に**具体的なスキルと行動**を重ねていきます。
●**運気を味方につける方法**
●**お金の器を広げる投資術**

●億を生み出すビジネスモデル

これら全ては、この章で築いた**「お金持ち脳」という土台**があってこそ、その真価を発揮するのです。

さあ、今すぐにあなたのマインドセットを切り替えて、新たな可能性に向かって一緒に歩み出しましょう！

隣の金持ち起業女子はこうして誕生した！

幸せなお金持ちになった5人の物語

成功を手にした5人の女性たちが、どのようにして夢を実現し、金持ち起業女子となったのか。その物語は、ただの成功談ではありません。それぞれが直面した壁、乗り越えた試練、そして心から幸せを感じる瞬間に焦点を当て、今の自分にどう繋がったのかを追いかけます。

物語その1

「副業禁止の会社員から、月8桁の起業家へ」

直美ユーケーさんが見つけた、幸せなお金持ちへの道

まず、モゲさんと出会う前の状況を詳しく教えていただけますか？

直美ユーケーさん　はい。私はモゲさんに出会う前は、完全な会社員で、しかも副業禁止の会社に勤めていました。以前フリーランスの経験があったので、会社員生活に違和感を感じていたんです。「会社員の方が安定している」と思って戻ったものの、行った瞬間から「私、会社員じゃないな」って気づいていて。でも、貯金もないし、毎月生活費を稼がないといけない状況で、どうやって会社を辞めたらいいのか分からなかったんです。独立したいのに、今の状態では会社を辞めるわけにもいかないし、でも辞めたい。そんなジレンマを抱えていました。

最初にモゲさんに会った時の印象はどうでしたか？

直美ユーケーさん　（笑）最初の印象は衝撃的でした！　勢いが半端なくて。大人なのにめちゃめちゃゲラゲラ笑っているし、感情も豊かで。なんというか、普通の大人だったらそんなにガハハって笑わないですよね。でも、すごく落ち着いているんです。作り笑いじゃなくて、本当に楽しそうに笑っている。その自然な感じに驚きました。

セミナー参加の動機と、その時の期待は？

直美ユーケーさん　モゲさんが楽しそうに稼いでいる姿を見て、「すごくたくさん稼いでそうだな」と思ったんです。でも同時に「そんなに稼ぐことって本当にできるのかな」「自分にもできるのかな」という不安もありました。正直、「それって夢じゃないの？」って思っていました。

でも、最初のセミナーは食事会だったんですが、そこで受けた衝撃が凄くて。「この人は私の知らないことを知っている」という確信が持てて、「この人から絶対に学ばなきゃ」という気持ちになりました。

実際にセミナーを受けられて、どんな変化がありましたか？

直美ユーケーさん　まず、平日に会社を休んでセミナーに参加すること自体が、私にとって新しい体験でした。スイートルームでセミナーを受けたり、新しい世界に触れることで、どんどん自分の世界が変わっていく感じがしました。

面白かったのが、私が「４ヶ月後に月１００万稼ぎたいです」と言った時のことです。その時は何の商品もないし、副業禁止の会社員の状態だったんですけど、モゲさんは「現実的じゃないですね」とはっきり言ってくれたんです。意外と筋の通ったことを言う人なんだな、って気づきました。

その後の具体的な変化について教えていただけますか？

直美ユーケーさん　はい。実は意外な展開があったんです。私はビジネスの話を期待していたんですけど、モゲさんは私のパートナーシップの課題の方を重視して、そっちばかり突っ込んでくるんです。「なんでビジネスの話をしてくれないの？」って最初は思ったんですけど、実はそこが大事だったんです。そこを解決できたからこそ、4ヶ月後に独立でき、その1年後に再度モゲさんに会ってから月100万円を超えることができました。

それと、お金に対する考え方が180度変わりました。でも、一番大きかったのは「人生すべて最善である」という考え方です。どんなに表面上嫌なことが起きても、それが自分の人生にとって最善のルートなんだって。これは頭で理解するんじゃなくて、体で分かるようになったんです。

会社員時代は常にビクビクして、「このままうまくいかなかったら」とマイナス思考だったんですけど、今は「もう全部大丈夫」って思えるようになりました。これが一番ありがたい変化かなと思います。

月100万円を目指している人へのアドバイスをいただけますか？

直美ユーケーさん　はい。まず、「100万って稼げるものだよ」って信じることが大切です。私も最初は月100万なんて意味が分からなくて、「そんなこと、可能なの？」ってて感じでした。でも、実際に稼いで、そして人に教えるようになった今は、１００万は誰でも稼げるって本当に思っています。

でも、当時の私は「１００万稼げるかどうか分からない」という観点に立っていて、「稼げるかな、稼げないかな」って迷っていました。そうではなく、「稼げる」という前提に立たないと、稼げる情報が目の前に来ても、受け取れないんです。

さらに上を目指す人へのアドバイスは？

直美ユーケーさん　これは私の失敗談でもあるんですけど、「変なプライドは捨てる」ということです。１００万稼げるようになった時期に、私は周りとの比較にとらわれていました。誰かが先に何百万稼いだとか、逆に誰かが「追いつきます」って言ってくるとイラっとしたり。でも、それって全部必要なかったんです。

例えば、私が１０００万円を目指す時、モゲさんから「月8桁稼いでる人に聞けばいいよ」ってアドバイスをもらったんです。最初は悔しくて近づきたくなかったんですけど、変なプライドを捨てて「教えてください」って素直に聞いたら、本当に教えてくれて、実際に8桁に行けたんです。

結局、順番とか、誰が先とか後とかって関係ないんですよ。これって起業女子あるあるかもしれないんですけど、そういう苦しい時期は誰でも1回は来ると思います。でも、そこは素直に学べばいいんです。

モゲさんから学んだ最大の学びは何ですか？

直美ユーケーさん　「人生すべて最善である」という考え方です。これは私がいつもモゲさんに教わって良かったと思う一番のことです。神様は自分にとっての最善をやってくれるというだけなんです。これを本当の意味で理解できるようになって、何があっても大丈夫だと思えるようになりました。

あと、「普通のやり方でしんどいな」と感じた時に、モゲさんは全く違うアプローチを教えてくれます。例えば、よくある「まだまだ投資額の方が大きいからこの程度の成功で喜んじゃダメ」というマイナスからのスタートではなく、「今の自分も１００％幸せ。そこからさらに目指していっていいんだよ」というプラス前提の考え方です。

モゲさんがよく言うんですけど、「朝起きれただけで十分じゃん」とか、目指してるだけで十分だよって。まずそこを受け入れることから始まるんです。そうすると安心感が生まれて、その安心感があるからこそ、良い結果が返ってくる。これは本当に大きな学びでした。

こちらの
インタビュー動画は、
LINEで公開して
おります！

https://eresa-publishing.co.jp/lngy

第2章 運気アップの魔法

「強運体質」になる!
幸せを引き寄せるマインド術

この章のゴール　この章では、**運が単なる偶然ではなく、自分で強くできる**ことを理解し、**強運体質を作る方法**を学びます。

- **強運を「作る」ための3ステップ**を習得する
- **心をフラットにして、良い運を受け取るための身体的・内面的要因への対処法**を身につける
- **「波動」を上げ、ラッキーを引き寄せる具体的な行動法**を知る
- **運気アップを資産化し、お金や幸せを加速的に引き寄せる考え方**を得る

前章では、**「苦しい起業」**から**「楽しい起業」**へのシフトチェンジについてお話ししました。

実践してみましたか？

「いや、そんな簡単に変われるわけがない」

と思ったあなた、正直に手を挙げてみてください。

……ほら、予想通りですね（笑）

でも、安心してください。

実は、人間の運気は自分で上げることができるんです。

信じられないですか？

最初は誰もがそう思うものです。

僕自身も最初は信じていませんでしたから（笑）

しかし、何度も人生の壁にぶち当たり、借金地獄に落ちて、そこからはい上がった経験から言えることがあります。

それは、**「強運は作ることができる」**ということです。

そう、**運は才能ではありません。**

むしろ、**才能は運で補うことができる**のです。

例えば、僕が３０００万円の借金を抱えていたときのこと。

当時の僕は、まさに**「運が悪い」**の代表選手でした（笑）

でも、そんなときに出会ったのが**「運気アップの魔法」**だったんです。

最初は半信半疑でした。

「こんなの、うまくいくわけがない」って思ってました。

でも、わらにもすがる思いで実践してみたんです。

そしたらどうでしょう。

少しずつですが、確実に変化が起き始めたんです。

まず、周りの人の態度が変わってきました。

そして、思わぬところからビジネスチャンスが舞い込んできたんです。

「これって、もしかして運が良くなってきてるのかな？」

そう感じ始めたとき、さらに不思議なことが起こりました。

素敵な仲間と出会うようになり、お金や笑顔がどんどん増えていったんです。

しかも、想像以上に。

そこで気づいたんです。

「あれ？もしかして本当に運って変えられるんじゃない？」って。

そうなんです。

運は、あることに気づけば変えられるんです。

だから、みなさんにはこの章を読んで、

自分も**「強運体質」になれる**と信じてほしいのです。

そして、そのための具体的な方法をこれからシェアしていきます。

「いやいや、モゲさん。そんな都合のいい話、あるわけないでしょ？」

って思った人もいるかもしれませんね。

そうやってまずちゃんと疑うことは大事です（笑）

成功する人は全て自己責任ですからね。

でも、ちょっと待ってください。

まずは、この章を最後まで読んでみてください。

そして、ここに書いてあることを、**たとえ1％でも信じて実践**してみてください。

きっと、あなたの人生に驚くべき変化が訪れるはずです。

さあ、準備はいいですか？

これから、**学校では絶対に教えてくれない「強運のつくり方」**をお教えします。

みなさんの人生が、この章を境に大きく変わることを願っています。

学校では教えてくれない！ 強運のつくり方

さあ、いよいよ本題です。

学校じゃ絶対に教えてくれない、超重要な「強運のつくり方」についてお話しします。

「え？ 運って、つくれるんですか？」

そう思った人、**正解！**（笑）

実際のところ、**運は勝手に良くはならないけど、強くすることはできるんです。**

驚きでしょ？

これ、世の中のほとんどの人が知らないんですよ。

だから、あなたはこの秘密を知っているだけで、すでに一歩リードしているんです。

強運の基本は「自分で運がいいと思うこと」

まず、**大事なのは自分で「運がいい」と思うこと。**

たったそれだけで、運は強くなるんです。

ぶっちゃけ、世の中には「運がいい人」「運が悪い人」がいるわけではなく、**「運がいいと思っている人」と「運が悪いと思っている人」がいるだけ**なんです（笑）

「いやいや、モゲさん。そんなわけないでしょ？」

って思った人もいるかもしれませんね。

でもね、**本当なんです。**

例えば、松下幸之助さんをご存じですよね？

パナソニック（松下電器）の創業者です。

彼が入社試験のときに**「あなたは運がいいと思いますか？」**って質問してたんです。

そして、**運がいいと思わない人は不合格にしてた**んですよ。

これってすごいことだと思いませんか？

つまり、自分で「運が悪い」と思っている人は、

実際に**運が悪くなる傾向がある**ってことなんです。

逆に言えば、「運がいい」と思えば、**本当に運が良くなる**んです。

秘伝の「強運づくり3ステップ」

では、**具体的にどうやって強運をつくればいいのか？**

ここで、僕の秘伝の**「強運づくり3ステップ」**をお教えします。

Step1❶　「運がいい」と口に出して言う

まずは、毎日**「私は運がいい」**って口に出して言うこと。
鏡の前で、にっこり笑顔で言うのがおすすめです。
最初は照れくさいかもしれません。
「こんなの、意味あるの？」って思うかもしれません。
でも、続けていくうちに、不思議なことが起こるんです。
自然とそう思えるようになってくるんです。
これ、**実は脳科学的にも証明されている**んですよ。
口に出して言うことで、脳が実際にそう信じ始めるんです。

Step❷　良いことを見つける習慣をつける

次に、日常の中で**良いことを見つける習慣**をつけること。
例えば、電車に乗ったら**「ラッキー、座れた！」**とか、レジで並んでたら**「よかった、待ち時間が短い！」**とか。

こうやって、**小さな幸運に気づく習慣**をつけると、

どんどん運が良くなっていくんです。

これ、僕自身も実践していることなんですが、

本当に人生が変わりました。

さらに、**幸せを見つけて口に出して喜ぶと、周りの人も幸せになります。**

だって、あなたも自分がやった行為に対して、

相手が喜ぶとその人をもっと喜ばせたいと思うでしょ？

「喜び上手は幸せ上手」

この言葉は僕が作ったものですが、

ぜひいつも頭に入れておいてくださいね！

Step❸　失敗を笑い飛ばす

最後に、**失敗を笑い飛ばす練習**をすること。

これが意外と難しいんですけど、**超重要**です。
例えば、秋元康さんの話を知ってますか？
彼がアメリカに行ったとき、タクシーを降りた一歩目で犬のフンを踏んだそうです。
普通の人なら「最悪だ」と思うでしょ？
でも、秋元さんはこう考えたんです。
「こんな運のいい人いないい！　アメリカ一歩目でこれを踏むなんて！」
このように、**出来事をどう捉えるかで「強運」にすることができる**んです。
最初は難しいかもしれません。
でも、練習すればどんどんうまくなっていきます。
僕自身、３０００万円の借金を抱えたときも、この考え方で乗り越えられたんです。
「こんな大きな借金、普通の人には経験できないぞ！」って（笑）
そうやって**笑い飛ばすことで、実際に状況が良くなっていった**んです。
これで、あなたも今日から「強運体質」を作れるようになります！

ぜひ、楽しみながら実践してみてくださいね。

心をフラットにする魔法

「**心をフラットにする**」って聞いて、
「はぁ？　何それ？」って思った人も多いでしょう。（笑）
でもね、これが**運を引き寄せる一番のコツ**なんです。

なぜ心をフラットにする必要があるのか？

それはね、心がフラットじゃないと、良い運が近づいてきても**受け取れないい**んですよ。

例えば、イライラしているときって、いいことがあっても気づかないですよね。

逆に、**心が落ち着いているときは、小さな幸せにも気づける**でしょ？

そう、心をフラットにすることで、**運を受け取るアンテナ**が立つんです。

どうやって心をフラットにするの？
実を言うと、心をフラットにするには2つの要因があるんです。
身体的要因と内面的要因。
まずは身体的要因から見ていきましょう。

1　身体的要因を整える

身体が満たされていないと、イライラしやすくなっちゃいます。
そこで重要になってくるのが、**「4つの不足」**を満たすこと。
これさえ押さえておけば、もう8割がた解決！

①睡眠不足
②運動不足
③栄養不足

④ 勉強不足

①睡眠不足

睡眠不足は、お金の不足と同じくらい精神的にダメージが大きいんですよ。
お金がないとお金のことばっかり考えちゃうでしょ？
睡眠不足も同じ。
頭が回らなくなり、いいアイデアが浮かばなくなっちゃう。
だから、まずはしっかり寝ることから始めましょう！
僕も、忙しいときでも必ず**8時間は寝る**ようにしています。

②運動不足

「運動」って漢字で書くと**「運を動かす」**なんです。
だから、運動すると運も動くんですよ。
まずは簡単なのでいいんです。

僕は毎日、最低でも**30分は歩く**ようにしています。

これだけでも、幸せホルモンと呼ばれる**セロトニン**が分泌されて、幸せな気持ちになり、運気がグッと上がりますよ。

③栄養不足
お菓子やジャンクフードばかり食べていると、体や精神に異常をきたすことも。
でも、「運が良くなった！」って人は見たことないですよね（笑）。
バランスの良い食事を心がけましょう。
特に、**ビタミンB群**は運気アップに効果があると言われています。

④勉強不足
これ、意外と見落とされがちですが、すごく大事。
新しい知識を入れることで、脳が活性化されて運気も上がるんです。
僕は毎日、最低でも**30分は本を読む**ようにしています。

これ、たった**6分読むだけでストレスが68％解消される**というデータもあります。

2 内面的要因を整える

内面をフラットにするには、**4つの厄介なヤツ**を退治する必要があります。

その4つとは…

① 嫉妬
②執着
③ 比較・競争
④ ジャッジ

①嫉妬

実際には、**嫉妬は自分の将来の可能性を示してくれている**ものなんです。

例えば、隣の人が自分より１万円多く稼いでいたら嫉妬しちゃいますよね。

でも、それは「自分もその額を稼げるはずなのに、まだ稼げていないから」。

だから、嫉妬するときは、**「これは私にもできる可能性があるんだ」とポジティブに捉える**こと。

嫉妬は、**自己成長のヒント**として使いましょう。

②執着

執着は**「夢」**と混同しやすいのが厄介。

例えば、「これくらい稼ぎたい」という目標があるとして、それを実行すると苦しくなる場合、それは**執着**かもしれません。

「夢」か「執着」かの見分け方

●やらなくてもいい」と言われてスッキリするなら、それは執着。

●逆に、モヤモヤするなら本当の夢。

執着を手放すと、心の安定につながります。

③比較・競争

特に真面目な人ほど陥りがちですが、比較するなら**「昨日の自分」**と比較すること。

これが一番大切です。

④ジャッジ

ジャッジとは、**「自分が正しい、相手が間違っている」**と思うこと。
でも、正しさは人の数だけあるんです。
例えば、卵焼きにしょうゆを付けるか、マヨネーズを付けるか。
それは「間違っている」のではなく、「ただ違っているだけ」。
「間」を取るだけで争いごとはなくなりますよ（笑）

心をフラットにする究極の方法

「来週死ぬかもと思う」こと。（笑）
来週死ぬかもと思ったら、周りへのモヤモヤした感情は消えますよ。

だって、来週死ぬなら、人のことを気にしてる場合じゃないですからね（笑）。

この**「心をフラットにする魔法」**を使えば、運気はグングン上がります。

ただし、これはすぐに効果が出るものではありません。**コツコツ続けること**が大切です。

僕自身、借金まみれだった頃からこの方法を実践し始めて、
少しずつ運気が上がっていきました。

最初は信じられなかったけど、続けているうちに、臨時収入が起きたり、優しい友達が増えたり、
本当に人生が変わったんです。

みなさんも、ぜひ試してみてくださいね。

きっと、驚くほどの変化が訪れるはずです。

ラッキーを次々引き寄せる「波動」の上げ方

「波動」って聞くと、なんだかスピリチュアルっぽくて、ちょっと怪しい感じがするかもしれませんね（笑）。

実は僕も、最初はそう思っていました。

「波動なんて、そんなうさんくさいもの、信じられるか！」って。

でもね、この**「波動」こそがラッキーを引き寄せる超重要なポイント**なんです。

波動が引き寄せる「ラッキー」の仕組み

簡単に言うと、**波動が高いと悪いエネルギーを寄せ付けず、良いことを引き寄せる**んです。

「えー、そんなの本当なの？」

って思った人も多いでしょう。

でも、ちょっと考えてみてください。

あなたの周りには、いつも幸せそうで、なんかいいことばっかり起こる人いませんか？

そういう人って、なんとなく**オーラがあります**よね。

まさに、その人の**「波動」**が高いんです。

逆に、いつもグチばっかり言っている人やネガティブな人の周りって、なんかイヤなことばっかり起こりませんか？

これも、その人の「波動」が低いせいなんです。

秘伝の「波動アップ5ステップ」

では、どうやって波動を高くするのか？

ここで、僕の秘伝の**「波動アップ5ステップ」**をお教えします！

Step❶ おしゃれをする

一番簡単な方法は、**おしゃれをする**ことです。

おしゃれすると、なんだか楽しくなりませんか？

それだけで波動が上がっているんです。

「えー、そんな簡単なことで波動が上がるの？」

って思いましたか？

でも、本当なんです。

おしゃれをすると自然と背筋が伸びて、**自信が湧いてきませんか？**

その自信が、あなたの波動を高めているんです。

僕も借金まみれだった頃は、ジャージでグダグダしていました。

でも、「よし、変わるぞ！」と思ってからは、**毎日自分が気に入った服を着るようにしたんです。**

たとえそれが古着屋のセールで買った１００円のシャツでも（笑）。

それでも、不思議と前向きな気持ちになれて、周りの人の態度も変わってきたんです。

Step❷　おいしいものを食べる

次は、**おいしいものを食べる**こと。

「え？　そんなの関係あるの？」って思いますよね。

でもね、おいしいものを食べると、自然と**笑顔**になりませんか？

その笑顔が、あなたの波動を高めるんです。

僕はどんなに忙しくても、**週に1回はおいしいレストラン**に行くようにしています。

それがストレス解消にもなり、波動も上がるんです。

Step❸　声を出して笑う

3つ目は、**声を出して笑う**こと。

これ、めちゃくちゃ効果があります。

科学的にも証明されていて、**笑うと脳内にセロトニンという幸せホルモン**が出るんです。

だから、毎日最低でも3回は、大きな声で笑うようにしましょう。

もし人前で笑うのが恥ずかしいなら、**声を出さなくてもOK**です。

口角を上げるだけでも効果がありますよ！

Step❹　感謝の気持ちを持つ

４つ目は、感謝の気持ちを持つこと。

例えば、

「今日も無事に起きれてありがとう」

「おいしいご飯を食べられてありがとう」

こうやって感謝を口にすると、不思議と**幸せな気持ち**になり、波動がグッと上がります。

僕は毎晩寝る前に、その日にあった良かったことを**３つ書き出す**ようにしています。

これだけで、１日を感謝の気持ちで締めくくることができます。

Step❺良い環境に身を置く

最後は、**良い環境に身を置く**こと。

人は環境の生き物です。

周りの環境で、その人の波動も変わります。

例えば、**自然の中に行く**とか、**前向きな人たちと話をする**こと。

僕は月に1回は必ず自然の中に行き、心をリセットしています。

波動を下げる要因に注意

波動を上げるには、**波動を下げる要因を避ける**ことも大切です。

例えば、**愚痴ばかり言っている人**とは距離を置くこと。

また、満員電車やネガティブな空間でも、自分の波動を守る工夫をしましょう。

好きな音楽を聴く、面白い本を読むなど、自分の世界を作るのがポイントです。

この5ステップを実践すれば、あなたの波動はどんどん高まります。

そして、波動が高まることで、**ラッキーなことが次々と起こる体質**になれるんです。

お金を稼ぐことも大切ですが、それ以上に大切なのは、**自分の波動を高く保つこと。**

波動が高い状態を維持すれば、自然と幸せを引き寄せられるようになります。

ぜひ、楽しみながら実践してみてくださいね！

【金額別】引き寄せを加速する「3つのステップ」

「モゲさん、具体的にどうやってお金を引き寄せればいいんですか？」

よくこんな質問をいただきます。

実際、お金の引き寄せには**段階**があるんです。

今回は、金額別に３つのステップをお教えしちゃいます！

これが、僕が **3000万円の借金から億万長者になるまでに実際に体験**してきたことなんです。

だから、絶対に使える方法だと自信を持って言えます！

では、早速行きましょう！

Step❶　月100万円までの引き寄せ

まずは、**100万円までの引き寄せ。**

ここで大事なのは、**とにかくビジネスの基本を学ぶこと**です。

「えっ？　引き寄せじゃないんですか？」

って思った人もいるでしょ？

でも、**100万円までは引き寄せや精神論よりも、ビジネスの基本を学ぶことが大事**なんです。

例えば、「10万円引き寄せました！」っていう人もいますが、それだけでは安定しませんよね。

だから、まずは**ビジネスの基礎を固める**必要があります。

具体的にやること

①毎日最低1時間はビジネス書を読む、または聞く

②成功している人のブログやYouTubeを見る

③小さな商品やサービスを作って、実際に売ってみる

僕も最初は、古本屋時代に車で片道2時間かけて通勤しながら、車の中でビジネス音源を聞き、夜中までビジネス書を読みあさっていました。

「すごく大変ですね！」とよく言われますが、僕は**読書が趣味**なので苦じゃありませんでした。

そうやって楽しみながら基礎を固めたからこそ、次のステップに進めたんです。

Step❷ 月100万円から300万円、500万円への引き寄せ

次は、**100万円から300万円、500万円**の段階です。

ここで重要なのは、**メンターを見つけること。**

100万円稼げるようになったら、良いメンターに教わることで、次のステップにすぐ進むことができます。

よくある間違い

「200万円や300万円稼ぐのはもっと大変だよ」

と思い込んでしまうこと。

でも実は、**上に行けば行くほどラク**になるんです。

具体的にやること

①自分が目指す分野で成功している人を探す

②その人のセミナーや個別コンサルを受ける

③メンターの言うことを素直に実践する

メンターに出会う機会がなければ、その方が書いた本など読んでみて完璧にマスターしてみてください。それだけでも驚く変化が体験できますよ。

Step❸　月1000万円への引き寄せ

1000万円を目指す段階では、**仲間やコラボレーション**が鍵になります。

ここまで来ると、もう一人で頑張る時期は終わり。

志を同じくする仲間と成長していくことが大切です。

具体的にやること

①幸せに成幸している人が集まるコミュニティやオンラインサロンに入会する

②SNSで同じ志を持つ人とつながる

③自分の強みを活かしたコラボレーションの機会を探す

僕もこの段階で多くの仲間ができました。
その仲間たちと一緒にプロジェクトを進めることで、
単独では実現できなかった大きな夢を叶えることができたんです。

この3つのステップを意識すれば、
あなたもどんどんお金を引き寄せられるようになります。
でも、忘れちゃいけないのは、
お金はあくまで幸せになるための道具だということ。

お金を引き寄せながら、同時に幸せも引き寄せてくださいね。
僕自身、お金だけに集中していた時期がありましたが、
そのときは逆に**幸せから遠ざかってしまった**んです。
今は、**お金と幸せのバランスを取ること**を常に意識しています。
そうすることで、本当の意味での豊かさを手に入れられるんです。
ぜひ、この3つのステップを実践してみてください。
きっと、驚くほどの変化が訪れるはずです！

起業の苦しさを「楽しさ」に換えるには？（月100万円超えたらお客様を選べ！）

さあ、いよいよ本題中の本題。
起業の「苦しさ」を「楽しさ」に変える魔法をお教えしますよ！

「モゲさん、起業って楽しいって言うけど、正直しんどいです…」

こんな声をよく耳にします。

実はね、僕も昔はそう思っていたんです。

借金3000万円を抱え、毎日が戦いで、笑顔なんて作る余裕もありませんでした。

でも、そんな苦しい起業生活から**「楽しい起業」へ180度転換**できたんです。

その秘訣を、これから伝授しますよ！

月100万円を超えたら「お客様を選べ！」

まず大事なのは、

月100万円を超えたら、お客様を選ぶこと。

「えっ？お客様を選んじゃっていいんですか？」

と思った人もいるでしょう。

でもね、これが**超重要**なんです。

100万円稼ぐまでは、どんなお客様でも受け入れるべきです。
それは、**修行の時期**だから。
でも、月100万円を超えたら話は別。
そこからは、自分が心から楽しめるお客様だけを選んでいくんです。

選ばれる存在になる

ここで注意してほしいのは、単に**「お客様を選ぶ」だけではダメ**ということ。
大事なのは、
自分自身も選ばれる存在になること。
つまり、**「あなたと一緒にいると楽しい」「価値がある」と思われるようになること**が重要なんです。

自分をアップデートし続ける

そのためには、常に**自己成長**を続けること。

新しい知識やスキルを身につけ、クライアントさんに**「わぁ、すごい！」**と思われる存在になりましょう。

具体的には

①毎日最低1時間は新しいことを学ぶ時間を作る

・ビジネス書を読む

・ＹｏｕＴｕｂｅで学ぶ

僕も、常に自分をアップデートし続けています。

だからこそ、クライアントさんとの関係も対等になり、お互いに刺激し合える関係性を築けているんです。

自分を大切にする

そしてもう一つ大事なのは、

自分自身を大切にすること。

月100万円を超えたら、**自分への投資**を惜しまないこと。

良い環境で仕事をしたり、おいしいものを食べたり、リラックスできる時間を作ったり。

これが、さらに良いエネルギーをクライアントさんに与える秘訣です。

僕の例　自分へのご褒美

僕も、月100万円を超えてからは、以下のことを実践しました：

①週に1回は高級スパに行く
②月に1回はフレンチを食べに行く
③定期的に高級ホテルに宿泊する

最初は「こんなことしていいのかな」と思いましたよ。
でも、自分を大切にすることで、
仕事の質が上がり、クリエイティブなアイデアがどんどん浮かぶようになったんです。

自分の価値を正しく評価する

最後に、**自分の価値を正しく評価すること**も大切です。

多くの起業家が陥りがちなのが、**自分の価値を低く見積もりすぎること。**

「こんなことで、そんなにお金をいただいていいのかな？」

と思ってしまうんです。

適正な価値を理解する
でも、それは間違いです。
あなたの知識や経験、スキルには**適正な価値**があります。
その価値に見合った対価をいただくことで、
より質の高いサービスを提供できるようになり、
結果的にクライアントさんの満足度も上がります。

「苦しい起業」から「楽しい起業」へ

「苦しい起業」から「楽しい起業」へ

さあ、いかがでしたか？

この方法を実践すれば、**起業生活がどんどん楽しくなっていく**はずです。

「苦しい起業」から「楽しい起業」への転換。

これこそが、真の成功への近道なんです。

僕は、この方法で人生が１８０度変わりました。

長崎のド田舎で借金まみれの苦しい日々から、

東京の港区タワーマンションで家族とセミリタイアする毎日へ。

こんな生活、昔の僕には想像もできませんでした。

でも、**「楽しい起業」の考え方**を取り入れたことで、

夢のような日々を送れるようになったんです。

きっと、驚くほどの変化が訪れるはずです。

そして、**「楽しい起業」を実現できたら、その楽しさを周りの人にも広げてください。**

次の章では、**お金の波動を味方につけ、大きな運気を引き寄せる方法**をお話しします。

お楽しみに！

物語その2

「完璧」から「楽」へ。月40万から年商3億円までの軌跡

山本芽生さんが見つけた、本当の自分らしい成功への道

最初に、モゲさんと出会う前の状況を詳しく教えていただけますか？

山本芽生さん　2017年10月にコンサルをつけてカウンセリング事業を始めて、半年後の2018年4月には月40万円くらいは稼げるようになっていたんです。でも、そこからが難しくて。その後の3ヶ月間は本当に1円も稼げない状態でした。SNSも適当に更新するだけで、自分でも何をしているのか分からない、すごく悶々とした時期でした

ね。

そんな時にモゲさんとお会いになったんですね。

山本芽生さん　そうなんです。実は、モゲさんのことをよく知らずに行ったんですよ。知り合いの方に「来たらいいよ」って言われて。その時はもうカードの借金が２００万円くらいあって、「これでダメならもうダメかな」くらいの気持ちでした。それこそ「これで分からなければ一旦やめよう」って思って参加したんです。

最初の印象はどうでしたか？

山本芽生さん　（笑）印象的だったのは、とにかく笑顔なんです。「この人、こんなに笑うんだ」って。物腰は低いんですけど、めちゃくちゃ明るくて、ちょっとうるさいくらい（笑）。私が思い描いていたお金持ちのイメージとは全然違いましたね。

その時、どんな課題を抱えていましたか？

山本芽生さん　とにかくビジネスをするのが怖くなってしまっていました。それまではSNSで集客していたんですけど、それも全部できなくなって。売るのも怖いし、自分の商品にも自信が持てなくなっていました。

でも、実は一番の問題は別のところにあったんです。コーチをつけて、売上は立てたものの、自分の意思や声を置き去りにしたままビジネスを進めてしまっていた。モゲさんに「売ってないよね」って言われて、その時初めて気づいたんです。自分をないがしろにし過ぎた結果、今度は逆に自分に構い過ぎて、売上が立たない状態になっていたんです。

モゲさんのセミナーを受けて、どんな変化がありましたか？

山本芽生さん　私、すごい完璧主義だったんです。商品も完璧じゃないといけないし、自分の状態も完璧でないといけない。そうじゃないとまた苦しくなるんじゃないかって。

　でも、モゲさんって完璧じゃないんですよ。むしろ、完璧じゃない部分も見せてくれている。それなのにお客さんは来るし、本人もすごく気ラクにやっている。「あ、こういうやり方でもいいんだ」って。このシンプルな気づきが、私にとっては革命的でした。

　実際、変わるのも早かったんです。セミナーの翌日には早速行動を起こして、セミナー代を回収。その後も、翌月は１５０万円、その次の月は３００万円、また次は１５０万円と、ずっと売上が立ち続けました。２０１７年から始めて、その年の10月には１年分の投資額を全部回収できました。今では年商3億円まで成長できています。

具体的な生活はどう変わりましたか？

山本芽生さん　好きな家に住めるようになりましたね。以前は旦那の会社の寮で、月１万４０００円の家賃でした。今は家も自分の好きな場所に。さらに、旦那が海外駐在になって、私も行ったり来たりできる生活になりました。お金があるからこそできる選択が増えたんです。

でも一番の変化は気持ちですね。とてもラクになりました。旦那にも「どんどん気ラクになってるね」って言われます。

今、100万円を目指している人に向けてアドバイスをいただけますか？

山本芽生さん　まず、売り方の設計をしっかりすることですね。1万円の商品を100人に売るのか、20万円を5人に、50万円を2人に、それとも100万円の商品を1人に売るのか。あるいは1000万円の商品を年1回売るのか。商品がないと売上は立ちませんから、ここは本当に大事です。

それと、マインド面で大切なのは、稼いでいる人と話すこと。直接話せなくても、そういう人が多い環境に身を置くことです。たとえば東京とかって、月100万以上稼いでいる人が結構多いんです。そういう場所に行ってみるだけでも、すごく刺激になります。

あとは、もう単純に勉強あるのみですね。

さらに上の３００万円、５００万円を目指す人へのアドバイスは？

山本芽生さん　商品に関しては、今の商品に付加価値をつけていくか、新しい商品を作るかですね。たとえば、今の商品が満席になったら、価格を上げてみる。需要があるなら、そこまで商品価値を高めていける。

あとは、今の商品の提供を邪魔しない形で新商品を出す。たとえば、コンサルだと時間が限られますよね。だから、動画商品など、時間をあまり取らない商品を試してみる。

でも、実はマインド的には１００万稼ぐ時とあまり変わらないんです。ただ、３００万稼いでる自分と１００万稼いでる自分では、考え方や行動が違う。「こういう生活をしているんだろうな」「こういう状態で過ごしているんだろうな」というイメージが違うから、もっと稼ぎたいという欲が出てくる。だから、今の自分にできることから、その理想に向かって少しずつ近づいていくことが大事だと思います。

最後に、これからモゲさんのセミナーを受ける人へメッセージをお願いします。

山本芽生さん　何でも言うっていうのが一つ大事だと思います。自分を偽っていると、得られるものは少なくなっちゃうんです。本当に自分を変えたいなら、「恥ずかしい」って感情を感じることを楽しむくらいの気持ちで参加するといいと思います。

　もちろん目的は稼ぐことなんですけど、その過程で「恥ずかしい思いをしよう」くらいの気持ちで行くと、楽しめると思います。人間って、どうしても隠そうとしちゃうんですけど、それだともったいない。「わー！」ってなった時に「この感情は合ってるな」って受け入れながら。悶絶しながら受けるようなセミナーだと思うので、そういうのを楽しめるといいんじゃないでしょうか（笑）。

こちらの
インタビュー動画は、
LINEで公開して
おります！

https://eresa-publishing.co.jp/lngy

第3章

お金の魔法

億万長者が実践している「お金と幸せ」のルール

この章のゴール　この章では、**マインドと運気の土台**の上に、具体的なお金の稼ぎ方・使い方を築いていきます。**億万長者になるための実践的な方法論**を学びます。

- **お金持ちになるための具体的な行動指針**と、その**判断基準**を習得する
- **収入の黄金比率**を理解し、**お金の適切な運用方法**を身につける
- **前章までのマインドと運気を活かした、価格設定・投資判断**の実践法を知る
- **お金と幸せを両立させる、具体的なビジネスモデル**の作り方を学ぶ

これまでの章では、**成功へのマインドセットと運気の高め方に**ついて学んできましたね。

でも、こんな声が聞こえてきそうです…

「マインドは分かったけど、実際にどうやってお金を稼げばいいの？」

そこでこの章では、**具体的な収入アップ戦略**にフォーカスしていきます。

正しい**マインドと運気**の土台の上に、**実践的なビジネスモデルや価格設定の方法**を積み上げていくんです。

前章で学んだ**「DU（どうせうまくいく）マインド」、覚えていますよね**？

このマインドを実際のビジネスではどう活かすか、具体例をお話しします。

例えば、新しい商品の**価格設定。**

普通なら「高すぎたら買ってもらえないかも…」と心配になりますよね。

でも、**DUマインド**を持っている人は違います。

「私のサービスには、この価値がある。だから、この価格で絶対に買ってもらえる！」

そう信じて、思い切った価格設定ができるんです。

実際、僕のクライアントさんの**Eさん**は、このマインドを使って、**5万円のサービスを20万円**に値上げしました。

結果、どうなったと思います？

売上は3倍に！

お客様からは、

「この価格だからこそ、本気で取り組めました」

という声まで。これぞまさに、**マインドが現実を作った好例**です。

さらに、**運気アップの習慣**も忘れないでくださいね。

これを実践すると、こんな風にビジネスチャンスが増えていきます。

- **●朝一番に感謝の言葉を唱える**↓その日の商談が通りやすくなる
- **●人に親切にする**↓思わぬ協業のチャンスが舞い込む
- **●整理整頓を心がける**↓新規のお客様が紹介で次々と来る

では、この**マインドと運気**の土台の上に、具体的な**お金の稼ぎ方、使い方**を積み上げていきましょう！

あなたは**「お金持ちになりたい！」**って思ったことありますよね。

でも、同時にこんな不安も湧いてこなかったですか？

●「お金持ちになるなんて、私には無理かも…」

●「お金があっても、幸せになれるかどうか分からない…」

大丈夫です。そんな不安を、僕も昔は抱えていました。

たとえば、**3000万円の借金を背負っていた時**なんて、

「お金」という言葉を聞くだけで**胃液が上がってきたり**してましたからね（笑）。

でも、たくさんの**億万長者**と出会い、

彼らの**「お金と幸せ」**のルールを学ぶうちに、**ある事実**に気づいたんです。

それは、

お金持ちになることも、幸せになることも、実は誰にでもできるってこと。

「えっ、本当に？」

そう思った人も多いでしょう。**でも、本当なんです。**

この章では、僕が出会った億万長者たちから学んだ、

「お金と幸せ」を同時に手に入れる**魔法のようなルール**をお伝えします。

これらのルールを知れば、

あなたも**「億女」（億万長者女性）への道**を歩み始められるはずです。

もちろん、**一夜にして大金持ちになれるわけじゃありません。**

そんな魔法があったら、僕も苦労しなかったですよ（笑）。

でも、**正しい方法を知り、それを実践すれば、誰でも着実にお金持ちになれる**んです。

この章を読み終わる頃には、きっとあなたの中で何かが変わっているはずです。

お金に対する見方が変わり、自分の可能性への確信が芽生えているでしょう。

準備はいいですか？

それでは、**億万長者の秘密**に迫っていきましょう！

楽しみながら読んでいってくださいね♪

お金持ちになるコツはシンプルだった

「え？　本当にそんなことあるの？」

正直、**あなたもそう思ったでしょ？（笑）**

本当の話なんですが、これ、冗談ではないんです。

本当にお金持ちになるコツさえ掴めば、誰でもなれるんです。

でも、ちょっと待って！

「コツを知れば簡単にお金持ちになれる」なんて、怪しい話に聞こえませんか？

大丈夫、僕はそんな甘い話はしません。

お金持ちになるにはやるべきことはありますし、時間もかかります。

でも、**正しいコツを知らずに頑張っても、なかなかうまくいかない**んです。

そのコツって何？

それは、

「お金持ちになれる仕事を選ぶ」こと。

意外とシンプルでしょう？

「でも、どんな仕事がお金持ちになれる仕事なの？」って思いますよね。

実は、その答えは**あなたの身近**にあります。

あなたが憧れている、

「こんな人になりたいな」って思う人はいませんか？

その人がどんな仕事をしているか、**よーく見てみてください。**

コンビニの店員さんや新聞配達員さんじゃないはずです。

もちろん、そういう仕事を否定しているわけじゃありません。

でも、**大金持ちになるには、別の道を選ぶ必要がある**んです。

ここで大事なのは、

あなたの好きなことや得意なことを活かせる仕事を選ぶこと。

それが、**お金持ちへの近道**なんです。

好きなことを仕事にして稼ぐ例

例えば、コーチングやカウンセリングの仕事。

これらは、人々の悩みを解決することでお金を稼げる仕事です。

あなたが人の話を聞くのが得意なら、こういう仕事が向いているかもしれません。

でも、注意！

ただ「なりたい」と思うだけじゃダメです。

実際に行動を起こすことが大切なんです。

例えば、「ファッションコンサルタントになりたい」と思っても、

すぐに専門学校に行く必要はありません。

まずは無料でいいから、

実際にファッションコンサルティングをやってみる。
そうやって**実践しながら学んでいく**のが一番の近道なんです。

お金持ちになれる人の考え方

お金持ちになれない人は、
学んでから稼ごうとします。
でも、**お金持ちになれる人は、学びながら稼ぐ**んです。
お金持ちになれる仕事を見つけるのに、
難しく考える必要はありません。
自分が憧れる人の仕事を真似してみるのが一番簡単です。
例えば、
経済評論家で金持ちな人はほとんどいません。

でも、**経済の知識を生かして自分の会社を作り、それを成長させた人**なら金持ちになれるんです。

つまり、

お金持ちになるには、単に知識を持っているだけじゃなく、
それを実際のビジネスに生かす必要があるんです。

恐怖に負けずに一歩踏み出そう

お金持ちになる道は、確かに最初は怖いかもしれません。
でも、ここで大事なのは、その**恐怖に負けないこと。**
「お金持ちになりたい」という気持ちと
「今の安定を手放したくない」という気持ちが戦っているんです。
でも、本当の安定は、自分で稼ぐ力を持つことから来るんですよ。
だから、勇気を出して**一歩踏み出してみてください。**

最初は**小さな一歩**でいいんです。

例えば、憧れの人のＳＮＳをフォローしてみる。

その人のブログを読んでみる。

そこから始めればいいんです。

やり続ける力が鍵

お金持ちになるのに、特別な才能は必要ありません。

才能よりも大切なのは、「やり続ける力」です。

確かに、生まれ持った才能がある人もいます。

でも、ほとんどの成功者は、**雨の日も風の日も、試行錯誤しながら継続してきた人たち**なんです。

学び続けることの重要性

そして、もう一つ大切なのが、

「学び続けること」

世の中はどんどん変わっていきます。

昨日の成功法則が、明日も通用するとは限りません。

だから、**常に新しいことを学び、自分をアップデートし続けること**が大切なんです。

ここまで読んで、少しはお金持ちになれる気がしてきましたか？

お金持ちになるコツは、実はこんなにシンプル。

でも、**知っているだけじゃダメ。実際に行動に移すこと**が重要なんです。

今日から、あなたもお金持ちになれる仕事を探してみませんか？

きっと、あなたの**人生が大きく変わり始める**はずです。

あなたの「億女の才能」を見つけて収入に変える方法

「え？私に才能なんてあるの？」

そう思いましたか？

実はね、**誰にでも才能はある**んです。ただ、**気づいていないだけ。**

「いやいや、モゲさん。私なんて平凡で、特に何も…」

ストップ！　そんな風に自分を決めつけちゃダメです。

あなたの中に眠っている才能、**一緒に探してみましょう。**

才能とは何か？

まず、才能って何か知っていますか？

特別な能力のことじゃないんです。

才能とは、

●「あなたが楽しくできること」

●「自然とやってしまうこと」

例えば…

●友達の悩み相談にのるのが好き

●料理をするのが楽しい

●字を書くのが得意

こういうのも全部才能なんです。

「でも、そんなの趣味でしょ？お金になるわけない」

そう思いました？

それが**大間違い！**

才能はお金を生み出す源

例えば…

●友達の悩み相談が得意な人↓カウンセラーやコーチの才能かもしれません。
●料理が好きな人↓レシピ本を書いたり、料理教室を開いたりできます。
●字を書くのが得意な人↓筆文字アーティストとして活躍できるかもしれません。

要は、あなたの「好き」を「仕事」に変えるんです。

ＴＹ（とりあえずやってみる）の精神が大事！

「でも、私なんかじゃ…」

そんな風に思っている時点で、**才能の芽を摘んでいる**んです。

まずは、やってみることが大切。

具体例　小さな一歩から始めよう
●料理が好きなら、**ＳＮＳで料理の写真を上げてみる。**

●友達の相談に乗るのが得意なら、**ブログで悩み相談コーナーを始めてみる。**

小さなことから始めればいいんです。

そうやって少しずつ形にしていく中で、**才能がどんどん磨かれていきます。**

才能を収入に変えるにはビジネス視点が必要

才能を見つけても、すぐにお金持ちになれるわけじゃありません。

ビジネスの視点も必要です。

例えば…

●**料理が得意でも、ただおいしいだけじゃダメ。**

誰に、どんな料理を、どうやって提供するのか。

そこまで考えて初めて、ビジネスになるんです。

でも、心配しないでください。

ビジネスの知識なんて、やりながら学べばいいんです。

失敗を恐れずチャレンジしよう

「でも、失敗が怖い…」
そう思う人も多いでしょう。
でも、考えてみてください。
世の中の成功者で、一度も失敗したことがない人なんていますか？
失敗は成功の母。
たくさん失敗した人の方が、成功する可能性が高いんです。
安心してください。大した成功をしてない人は、大した失敗もできませんから（笑）

モゲ流の才能発見法

以下の質問に答えてみてください：

① 3度の飯より好きなことは何？

② 友達から「あなたのここがすごい」と言われることは？

③ 昔からよく怒られたことは？

実際の事例：Aさんの成功物語

この3つの質問に答えてみてください。

きっと、**あなたの才能のヒント**が見つかるはずです。

そして、見つかったら迷わず**TY！**

最初は**小さな一歩**でいいんです。

でも、その一歩を踏み出すかどうかで、**人生は大きく変わります。**

ここで、**実際にあった話**を紹介しましょう。

僕のクライアントさんの一人、**Aさん**の話です。

Aさんは普通のOLでした。

毎日会社に行って、言われた仕事をこなす。
そんな日々を送っていました。
でも、心のどこかで、
「このままでいいのかな…」という思いがあったんです。
ある日、Ａさんは僕のセミナーに参加しました。
そこで**「才能探し」のワーク**をしたんです。
最初、Ａさんは「私には才能なんてない」と言っていました。
でも、周りの人に「Ａさんのここがすごい」と言ってもらったんです。
すると、こんな声が。

●「Ａさんの話を聞いていると、心が落ち着く」
●「Ａさんに相談すると、いつも元気をもらえる」

Ａさんは驚きました。
自分では気づかなかった才能が、そこにあったんです。
それからＡさんは、少しずつですが**行動を始めました。**

まず、ブログで**悩み相談コーナー**を始めたんです。
最初は読者ゼロ。でも、あきらめずに続けました。
そのうち、少しずつ読者が増えてきて、
「相談に乗ってほしい」という声も。
そこで、Aさんは思い切って**オンラインカウンセリング**を始めたんです。
最初は不安でいっぱい。
でも、クライアントさんの**「ありがとう」**の言葉に、
どんどんやりがいを感じるようになりました。
今では、会社を辞めて**独立。**
カウンセラーとして活躍しています。
月収は会社員時代の3倍。
でも、それ以上に**「自分の才能を活かせる喜び」**を感じているそうです。
Aさんの例は、決して特別なものじゃありません。
誰にでも、こんなチャンスがあるんです。

昔からよく怒られたことが才能に！

ちなみに僕自身の話をさせてもらうと
僕は昔から話すのが大好き。でも、学校やまわりでは
喋りすぎてうるさいとよく怒られてました。
が、いまではその喋りすぎを利用して
セミナーやセッションを行い、周りの人に喜ばれて
幸せなお金持ちになりました。
ほんと、才能って火や包丁と同じです。
使い方を間違えるとヤケドやケガをするけど、
正しく使うと、めちゃくちゃ美味しい料理が作れます。
ですので、覚えておいて下さい。
あなたにも絶対に才能はあります。

大切なのは、自分の才能に気づくこと。
そして、それを活かす一歩を踏み出すこと。

才能を収入に変えるためのステップ

1　自分の才能を見つける

・先ほどの3つの質問を使って、ヒントを探してみましょう。

2　その才能を活かせる分野を考える

・人の話を聞くのが得意↓カウンセリングやコーチング
・文章を書くのが好き↓ライターやブロガー

3　小さく始める

・ブログを書いてみる

・友達に無料でサービスを提供してみる

4　フィードバックを集める

・周りの人の反応を見て、「ここが良かった」「ここはもう少し…」と改善していく。

5　少しずつ有料化する

・最初は安い価格設定でＯＫ。徐々に価値を上げていけばいいんです。

6　継続的に学び、成長する

・常に新しいことを学び、アップデートし続けることが大切です。

あなたの才能を眠らせたままにしておくのは、もったいない。

その才能を活かして、あなたらしい方法でお金を稼ぐ。

そうすれば、仕事が楽しくなって、自然とお金も集まってくる。

さあ、今日からあなたも才能探しの旅に出発です！

「お金の器」を広げよう…ちょっとした背伸びのススメ

「今月は頑張って稼いだのに、なぜかお金が貯まらない…」

「収入が増えても、なぜかすぐになくなっちゃう…」

こんな経験、ありませんか？

もしかしたら、あなたの**「お金の器」**が小さいのかもしれません。

「え？お金に器なんてあるの？」

そう思った人も多いでしょう。

でも、実はお金にも**「器」**があるんです。

そして、その器の大きさで、あなたの人生が大きく変わるんです。

ちょっと想像してみてください。

小学生が１００万円を持ったらどうなると思います？

そうですね、たぶんすぐに使っちゃいますよね。

ゲームを買ったり、おもちゃを買ったり…あっという間になくなっちゃう。

でも、大人が１００万円を持ったら？

きっと、投資したり、将来のために貯金したりしますよね。

この違い、何だと思います？

そう、**「お金の器」の大きさの違いなんです。**

小学生の「お金の器」は小さいから、１００万円でいっぱいになっちゃう。

だから、あふれたお金はどんどん使われちゃうんです。

でも、大人の「お金の器」は大きいから、１００万円くらいじゃいっぱいにならない。

だから、計画的に使ったり、増やしたりできるんです。

ここで問題です。

大人だからって、みんな「お金の器」が大きいわけじゃありません。

実は、多くの大人が小さな「お金の器」のまま生きているんです。

だからこそ、**「お金の器」を広げることが大切なんです。**

じゃあ、どうやって「お金の器」を広げればいいの？

答えは、**「背伸び」**です。

え？　背伸び？

そう、背伸びです。

でも、ここで言う「背伸び」は、無理して背を伸ばすことじゃありません。

お金に関して、**ちょっとだけ今の自分を超える体験**をすることなんです。

具体的に説明しましょう。

例えば、普段1000円のランチを食べている人が、たまには3000円のランチを食べてみる。

毎日電車通勤の人が、たまにはタクシーを使ってみる。

こういった**「ちょっとしたぜいたく」が、実は「お金の器」を広げる大切な体験**なんです。

「えー、そんな無駄遣いしていいの？」

そう思った人もいるでしょう。

でも、これは決して無駄遣いじゃありません。

なぜなら、この体験が**「お金持ちの感覚」を養うから**です。

高級レストランに行けば、接客の仕方や料理の出し方から学べることがたくさんあります。

高級ホテルに泊まれば、細やかなサービスの重要性を体感できます。

これらの体験が、**あなたのビジネスや人生の質を高めてくれる**んです。

ここで、僕の実体験をお話ししましょう。

最初の頃は本当にお金がなくて大変でした。

東京に来る時も寝袋を持って友達の家に泊まっていたんです。

借金３０００万円を抱えていた時期は、３０００円のビジネスホテルが精一杯。

でも、少しずつビジネスが軌道に乗り始めて、**「これじゃダメだ」と思えるようになったんです。**

そこで、思い切って当時一泊８０００円の品川プリンスホテルに泊まってみました。

その時の快適さは忘れられません。

「こんな気分で仕事ができたら、もっと成果が出るんじゃないか」

そう思った僕は、売上が上がるにつれて少しずつグレードアップしていきました。

帝国ホテルの3万円のお部屋、グランドハイアット東京のクラブラウンジ付きの5万円のお部屋、そして今ではリッツ・カールトン東京のクラブラウンジ付きの10万円のお部屋まで。

最初は「こんなに使っていいのかな…」と不安でした。

でも、快適な環境で過ごすうちに、どんどん仕事の質が上がっていったんです。

そして気づいたんです。

「お金の使い方」を学ぶことで、「お金の稼ぎ方」も変わっていくんだって。

今では、たまに〇十万円のスイートルームに泊まることもあります。

「えー、そんな高いホテルに泊まるのはもったいなくない?」

そう思った人もいるでしょう。

でも、考えてみてください。

１万円のホテルに10日泊まるのと、10万円のホテルに１日泊まるのと、どっちが印象に残るでしょうか？

きっと、10万円のホテルの方が強烈な印象を残すはずです。

その体験が、あなたの**「お金の器」を大きく広げてくれる**んです。

ここで大事なのは、「背伸び」の度合いです。

いきなり年収の倍のホテルに泊まる必要はありません。

今の自分より、**ほんの少しだけ上を目指せばいい**んです。

例えば、年収３００万円の人なら、まずは５００万円クラスの体験から。

年収１０００万円の人なら、２０００万円クラスの体験から始めればいいんです。

少しずつ、でも着実に**「お金の器」を広げていく。**

それが、お金持ちへの近道なんです。

ここで注意してほしいのは、「背伸び」と「見栄」は違うということ。

この違いってすごくシンプルです。

その行動をした後に、**自分が成長するものが「背伸び」。**
成長しないものは「見栄」。
例えば、高級レストランに行くにしても：
●料理や接客から学ぼうとする心構えで行くなら「背伸び」
●SNSにアップするためだけに行くなら「見栄」

「背伸び」は自分の成長のため。
「見栄」は他人の目を気にしてのこと。
この違いをしっかり理解して、**「背伸び」を楽しんでください。**
自分自身の成長のために、どんどん新しいことにチャレンジしていきましょう。
「お金の器」を広げる方法は、他にもあります。
例えば…
●**お金持ちの人と交流すること。**
　彼らの考え方や行動パターンを間近で見ることで、自然と「お金の器」が広がっていきます。

●投資の勉強をすることも効果的です。

株や不動産など、お金を増やす方法を学ぶことで、お金に対する視野が広がります。

そして何より大切なのは、「お金に対する恐れ」を捨てること。

多くの人が、無意識のうちにお金を怖がっています。

「お金は汚い」「お金があると心が腐る」なんて思っていませんか？

そういう考えがある限り、「お金の器」は広がりません。

お金は、**あなたの人生をより豊かにするための道具。**

それ以上でも、それ以下でもありません。

お金を味方につけて、より充実した人生を送る。

そんな風に考えられるようになれば、自然と**「お金の器」**は広がっていくんです。

「お金の器」を広げるための具体的な方法

1

高級店でお茶を楽しむ

普段はコンビニエンスストアのコーヒーで済ませている人も、たまには高級ホテルのラウンジでお茶を楽しんでみてください。

サービスの質や雰囲気から、多くのことを学べるはずです。

2

自分へのご褒美を設定する

目標を達成したら、普段よりちょっと高価なものを自分へのご褒美として買ってみましょう。

これが、**次の目標達成へのモチベーション**にもなります。

3

成功者の本を読む

お金持ちになった人の自伝や成功哲学の本を読んでみましょう。

彼らの思考法や行動パターンを学ぶことで、**「お金の器」を広げるヒント**が得られます。

4　自己投資を惜しまない

自分のスキルアップのために、セミナーや講座に参加する。

これも立派な「背伸び」です。

僕自身が身をもって実感したことですが、借金３０００万円から復活できた最大の理由は「自己投資」でした。

時間もお金も、全部自分を高めることに使いました。

考えてみてください。

自分の知識やスキルは、**お金を使い切っても残る唯一の財産**なんです。

特にビジネスの世界では、自己投資のリターンはすごく大きい。

1万円のセミナーで学んだことが、１００万円の価値を生むことだってあります。

だから、自己投資は「投資」であって「消費」じゃありません。

長期的に見れば、必ずリターンをもたらしてくれるはずです。

5　旅行先をグレードアップする

毎年行っている旅行を、いつもよりちょっとだけグレードアップしてみましょう。**新しい体験が、あなたの価値観を広げてくれるはず**です。

6　寄付をしてみる

余裕ができたら、社会貢献のための寄付も考えてみましょう。**お金を手放すことへの抵抗が減り、さらにお金が入ってくる**という好循環を生み出すことができます。

7　将来の自分にお金を贈る

毎月少しずつでも、将来の自分のためにお金をためる。これも「お金の器」を広げる重要な習慣です。

ちょっとした「背伸び」から始めてみましょう

これらの方法を、少しずつ実践していってください。

最初は不安かもしれません。

でも、一歩踏み出せば、新しい世界が広がるはずです。

ちょっとした「背伸び」から始めて、少しずつ自分の限界を広げていく。

成功例…Ｂさんのストーリー

Ｂさんは普通のＯＬでした。月収25万円程度で、貯金もほとんどありませんでした。

でも、「お金の器」を広げる必要性を感じたＢさんは、少しずつ「背伸び」を始めたんです。

●毎月のランチ代を１０００円アップ。

●半年に一度、普段なら絶対行かないような高級レストランでディナーを楽しむ。

最初は「もったいない」と感じていましたが、徐々にその価値を理解するようになりました。

高級店のサービスや雰囲気を体験することで、

「自分もこういうお客様を持ちたい」という気持ちが芽生えたそうです。

その思いを原動力に、自分のビジネスをスタート。

今では、**月商1000万円を超える起業家として活躍**しています。

Bさんはこう言います…

「あのときの"背伸び"がなければ、今の私はありませんでした。

お金の使い方を学ぶことで、稼ぎ方も変わったんです。」

「お金の器」を広げることは、単にお金を使うだけの話ではありません。

それは、**あなたの価値観を広げ、人生の可能性を大きく広げてくれる**んです。

行動を起こす一歩

さあ、今日からあなたも**「お金の器」を広げる冒険**を始めませんか？

最初は不安かもしれません。

でも、一歩踏み出せば、新しい世界が広がっているはずです。

お金に対する恐れを手放し、**お金を味方につける。**

DU（どうせうまくいく）！

あなたの「お金の器」が、どんどん大きくなっていくことを楽しみにしています！

「TY（とにかくやってみる）」

まずは行動してみることが大切です。

小さな一歩が、あなたの人生を大きく変える第一歩になるかもしれません。

そんな素敵な冒険の旅に、今すぐ出発しましょう！

大事なのは、転ばないことではなく、転んでもすぐ立ち上がれること

失敗が怖くて何か新しいことを始められない、なんてことありませんか？

「うまくいかなかったらどうしよう…」

「みんなに笑われたらどうしよう…」

そんな風に考えて、チャレンジする前から諦めちゃう。
実際、それが一番もったいないことなんです。
なぜって？
人生で本当に大切なのは、**転ばないことじゃないんです。**
転んでもちゃんと受け身を取れること。
転んでも、すぐに立ち上がれることなんです。

リスクを最小限に抑える方法

実は、僕はクライアントさんに**借金**はあまり勧めないんです（笑）。
だって、リスクを取らなくても始められる方法はたくさんあるんですから。
例えば…

●無料のＳＮＳを活用する
●図書館を使って勉強する
●まずは小さな商品から始める

このように、**お金をかけずにスタートできる方法を選ぶ。**

これが、本当の意味での「失敗に強い」ビジネスの作り方なんです。

成功するかどうかは、お金の額じゃない。

むしろ、いかに賢くリスクを抑えながらチャレンジできるか。それが重要なんです。

まず、あなたに質問です。

世の中の成功者で、一度も失敗したことがない人っていると思いますか？

…答えは、**ＮＯ**です。

むしろ、大成功している人ほど、たくさんの失敗を経験しているんです。

トーマス・エジソンの例

例えば、トーマス・エジソン。

電球を発明するまでに、1万回以上の失敗をしたことで有名ですよね。

でも、エジソンはこう言ったんです。

「私は1万回失敗したのではない。うまくいかない方法を1万通り発見したのだ」

つまり、**失敗を恐れずに、どんどんチャレンジしたからこそ、大発明につながったんです。**

ビジネスの世界でも同じことが言えます。

例えば、僕の経験をお話ししましょう。

僕も昔は、**失敗が怖くて仕方がありませんでした。**

新しいことを始めるたびに、**「うまくいかなかったらどうしよう」**って不安でいっぱいでした。

でも、ある時に気づいたんです。

その**「失敗への恐れ」こそが、僕の成長を妨げている**って。

そこで、思い切って**「失敗歓迎」の精神**に切り替えてみたんです。

失敗したらネタにできますしね（笑）。

失敗を恐れないことで得たもの

最初は怖かったです。でも、実際にやってみると、意外なことに気づきました。

失敗って、そんなに怖いものじゃなかったんです。

むしろ、失敗から学ぶことの方が多かった。

そして、失敗を恐れずにチャレンジすることで、どんどん成功のチャンスが増えていったんです。

例えば、新しいセミナーを企画したときのこと。

たった**3000円のセミナー**だったにもかかわらず、参加者が集まらず、大失敗。

でも、その失敗から**「お客さんのニーズ」を学び、**次は大成功。

その経験がなければ、今の僕はありません。

つまり、失敗こそが成功への近道だったんです。


ここで大事なのは、失敗したときの「立ち直り方」です。


失敗して落ち込むのは自然なこと。

でも、そこで諦めちゃダメなんです。

大切なのは、ちゃんと受け身を取ってすぐに立ち上がること。

そして、**その失敗から学んで、次のチャレンジに生かすこと。**

これが、**成功者と失敗者の決定的な違いなんです。**

じゃあ、具体的にどうすれば「すぐに立ち上がれる」ようになるのか？

ここで、僕なりの**「すぐに立ち上がるテクニック」**をいくつか紹介しましょう。

1　失敗を「学びの機会」と捉える

失敗は決して悪いことじゃありません。
むしろ、成長するチャンスなんです。
「なぜ失敗したのか」「次はどうすればいいか」を冷静に分析してみましょう。

2　「完璧主義」を手放す

「１００点満点」を目指すと、どうしても行動できなくなります。
まずは「60点でいいから、やってみる」という姿勢が大切です。

3　小さな成功体験を積み重ねる

大きなチャレンジの前に、小さな挑戦から始めましょう。
小さな成功体験が、自信につながります。

4 「失敗」を再定義する

「思った通りの結果が出なかった」ことを「失敗」と呼ぶのではなく、「新しい発見があった」ので成功！と捉え直してみましょう。

5 「感情」と「事実」を分ける

失敗した時は、感情的になりがちです。

でも、冷静に事実を見つめることが大切。

「何が起きたのか」を客観的に分析することで、次につながるヒントが見えてきます。

失敗したら自分を責めるのではなく、行動を見直すだけで大丈夫です。

6 「失敗談」を共有する

失敗したときこそ、周りの人に話してみましょう。

意外なアドバイスがもらえたり、同じ経験をした人と出会えたりするかもしれません。

7 「タイムリミット」を設ける

「落ち込む時間は24時間まで」など、自分でルールを決めましょう。

時間を区切ることで、必要以上に落ち込むことを防げます。

8 「成功イメージ」を持つ

失敗したときこそ、成功した自分をイメージすることが大切です。

そのイメージが、立ち直るための原動力になります。

9 「感謝」の気持ちを持つ

失敗しても、その経験ができたことに感謝してみましょう。

感謝の気持ちが、前向きな姿勢につながります。

そして、「この失敗を生かすには？」と質問してみましょう。

10 「行動」を習慣化する

考えすぎるより、まず行動。

小さな行動でもいいので、毎日何かにチャレンジする習慣をつけましょう。

これらのテクニックを使って、どんどん「失敗に強くなる」トレーニングをしていってください。

そうすれば、どんな失敗も怖くなくなります。むしろ、「次はうまくいく」という自信が湧いてくるはずです。

例えば、僕のクライアントさんの成功例をお話ししましょう。

Cさんは、新しいビジネスを始めようとしていました。

でも、失敗が怖くて、なかなか一歩を踏み出せずにいたんです。

そこで、Cさんにアドバイスしました。

「失敗してもいいから、まずはやってみよう」って。

最初は戸惑っていたＣさん。

でも、少しずつチャレンジを始めました。

もちろん、すべてがうまくいったわけじゃありません。

むしろ、最初はたくさんの失敗がありました。


ここで大切なポイントがあります。


結局のところ、成功するかどうかは、その落ち込む時間が短いかどうかなんです。

僕はよくこう言います。


「落ち込むのは3時間まで」と決めておけばいいと。


あるいは、「落ち込まない」と決めるのも一つの手です。

でも、どうしても落ち込んでしまうなら、せめて3時間までと時間制限を設けるんです。

なぜなら、落ち込んでいてもお金は稼げないからです。

むしろ、落ち込んでいる時間が長ければ長いほど、次のチャンスを逃してしまう可能性が高くなります。

Ｃさんも、最初は失敗するたびに数日間落ち込んでいました。

そのせいで、ビジネスの進捗が遅れがちだったんです。

でも、この**「3時間ルール」**を実践し始めてからは、驚くほど状況が変わりました。

失敗しても、３時間以内に気持ちを切り替えて次のアクションを起こすようになったんです。

その結果、失敗から学ぶスピードが格段に上がり、ビジネスの成長スピードも加速したんです。

Ｃさんは諦めませんでした。

失敗するたびに、そこから学んで次につなげていったんです。

そして、１年後…

なんと、Ｃさんのビジネスは大成功。

月商1000万円を超えるまでになりました。

Ｃさんは言います。

「失敗を恐れずにチャレンジし続けたからこそ、今の成功がある。失敗は怖くない。むしろ、成功への近道だったんです」

このように、「転んでもすぐに立ち上がれる力」は、ビジネスの成功に直結するんです。

さあ、あなたはどうですか？

まだ失敗が怖いですか？

でも、考えてみてください。

今のあなたの人生、本当に満足していますか？

もしかしたら、「失敗が怖い」という思い込みのせいで、大切なチャンスを逃しているかもしれません。

今日から、その考え方を変えてみませんか？

「失敗しても大丈夫。むしろ、失敗から学んでどんどん成長していこう」

そんな風に考えられるようになれば、あなたの人生はガラリと変わるはずです。

新しいビジネスにチャレンジしたり、憧れの人に声をかけてみたり、今までやったことのない趣味を始めてみたり…

そうやって、どんどん自分の世界を広げていく。

そんな人生って、素敵じゃないですか？


もちろん、最初は怖いかもしれません。

それはやったことがなく知らないからです。

お化け屋敷は2度目は怖くありません（笑）

一歩踏み出せば、新しい世界が広がっているはずです。

失敗を恐れずに、どんどんチャレンジしていく。

そして、たとえ転んでも、すぐに立ち上がる。

そんな「失敗に強い」あなたになれば、きっと大きな成功があなたを待っているはずです。

さあ、今日からあなたも**「失敗歓迎」の精神**で、
新しいチャレンジを始めてみませんか？

１００万円超えたらやるべきこと、月収を安定させるには？

おめでとうございます！月収１００万円を達成したあなた、本当にすごいです！
…え？　まだ達成してない？
大丈夫、これを読んでいるあなたは、きっとすぐに達成できますよ。
さて、月収１００万円を超えたとき、多くの人がこんな疑問を持ちます。

- 「これって偶然？　それとも実力？」
- 「今月は稼げたけど、来月は大丈夫かな？」
- 「次は何をすればいいんだろう？」

今日は、そんな疑問にお答えしていきます。

まず、覚えておいてほしいのが、**月収１００万円を達成したあなたは、すでに「勝ち組」の仲間入りをしている**ということ。

でも、ここで油断してはいけません。

大切なのは、この状態を「安定」させ、さらに「成長」させること。

じゃあ、具体的に何をすればいいの？

ここからは、僕の経験と、多くのクライアントさんの成功例をもとに、**月収100万円を超えてからやるべきこと**をお話しします。

1　まずはお金持ちの気分を味わう

「え？　遊んでていいの？」

そう思った人もいるでしょう。でも、これ、とっても大切なんです。

なぜなら、**お金持ちの感覚を体験することで、あなたの「お金の器」が大きくなる**から。

具体的には、
●高級レストランで食事をしたり
●憧れのブランド品を買ったり
でも、ここで注意！

浪費ではなく、「投資」として楽しむこと。

高級店での体験は、あなたのビジネスに活かせるヒントの宝庫。
接客の仕方、店の雰囲気、細かなサービス…全てが勉強になります。

2

感謝の気持ちを忘れない

１００万円稼げたのは、あなた一人の力ではありません。

支えてくれた家族、協力してくれた仲間、お客様…みんなのおかげなんです。
その感謝の気持ちを形にしましょう。
例えば、

- 家族旅行に行ったり
- 仲間と豪華な食事会を開いたり
- お客様には、特別なサービスや特典を用意するのもいいですね。

感謝の気持ちは、さらなる成功を引き寄せます。

3 **ビジネスモデルの見直し**

ここからが本題。

月収100万円を安定させるには、**ビジネスモデルの見直しが必要**です。

まず、今の収入源を分析してみましょう。

●どの商品やサービスが一番売れているか？

●どんな顧客層に人気があるか？

●季節変動はあるか？

これらを細かく分析することで、**ビジネスの強みと弱み**が見えてきます。

そして、その**強みを伸ばし、弱みを補強していく。**

これが安定した収入を得るコツです。

4 **複数の収入源を作る**

「卵は一つのカゴに盛るな」ということわざがありますよね。

収入も同じです。一つの商品や顧客層に頼りすぎると、リスクが高くなります。

だから、**複数の収入源を作ることが大切。**

例えば、

●物販だけでなく、コンサルティングも始める
●オンラインとオフラインの両方でサービスを提供する
●異なる顧客層向けの商品を開発する

多角化を図ることで、安定した収入が得られるようになります。

5　チーム作りを始める

一人で１００万円を稼ぐのは大変です。

でも、チームを作れば、もっと大きな金額を、より安定して稼げるようになります。

例えば、こんな面白い例があります。

あるクライアントさんは、最初スクールや養成講座を一人で運営していたんです。でも、面白いことが起きました。

講座生の中から次々と成功者が生まれてきて、その成功した人たちが今度は講師とし

て活躍するようになったんです。

そうやって自然とチームが大きくなっていって。今では、そのクライアントさんは自分でほとんど何もしなくても、**億女**になれちゃったんです。

これって、まさに理想的なチーム作りですよね。

6　自己投資を惜しまない

月収100万円を達成しても、学びを止めてはいけません。

むしろ、ここからが本番。

●自分のスキルアップのために、セミナーや講座に積極的に参加しましょう。

●本を読んだり、メンターについたりするのも効果的です。

また、ビジネスに直接関係ないように見えても、趣味や教養を深めることも大切。

幅広い知識や経験が、ビジネスの幅を広げてくれます。

7　節税対策を考える

月収１００万円ともなると、税金の額も大きくなります。

ここで正しい節税対策を取らないと、せっかく稼いだお金の多くが税金として持っていかれてしまいます。

●確定申告の仕方

●経費の使い方

●会社設立のタイミング

専門家に相談しながら最適な方法を見つけていきましょう。

８　目標を再設定する

月収１００万円という大きな目標を達成した今、次の目標を設定することが大切です。

例えば、

●月収３００万円達成

●年商１億円突破

●海外進出

より高い目標を掲げることで、さらなる成長のモチベーションになります。

さて、ここまで「月収１００万円を超えてからやるべきこと」をお話ししてきました。

どうですか？やることがいっぱいありますよね。

でも、**焦る必要はありません。**

一つずつ、着実に実践していけばいいんです。

そして、これらを実践することで、あなたの月収は安定し、さらに成長していくはずです。

僕のクライアントさんの成功例をお話ししましょう。

Ｄさんは、月収１００万円を達成した直後に僕のコンサルを受けました。

最初は「これで満足」と言っていたＤさん。

でも、上記のアドバイスを一つずつ実践していったんです。

特に効果があったのは、**「チーム作り」と「複数の収入源作り」。**

チームを作ることで

Ｄさん一人では思いつかなかったアイデアが生まれ、新しいサービスを次々と生み出すことができました。

そして、

●物販

●コンサルティング

●オンラインサロン

と、複数の収入源を作ることで、安定した収入を得られるようになりました。

結果、１年後には

なんと**月収500万円を達成。**
そしてあっという間に**年に1億以上稼ぐ億女**になりました。
Dさんは言います。
「100万円達成で満足せず、次の一手を打ち続けたことが、今の成功につながりました。満足は成長の敵。常に上を目指し続けることが大切だと学びました」

さあ、あなたはどうですか？

●月収100万円を目指していますか？
●それとも、すでに達成していますか？
どちらにしても、これから大切なのは**「成長し続けること」**。
たとえ100万円を達成しても、そこで満足せず、常に上を目指す。
そんな姿勢が、あなたを本当の意味での成功者に導いてくれるはずです。

今日からでも、できることから始めてみませんか？

例えば、

●高級レストランで食事をして、そこから学ぶ
●感謝の気持ちを込めて、家族や仲間にプレゼントを贈る
●新しい本を読んで、自己投資を始める

小さな一歩でいいんです。
その積み重ねが、あなたを大きく成長させてくれるはずです。

最後に、モゲからのアドバイス。

お金持ちになる過程を楽しんでください。
ただお金を稼ぐだけじゃつまらない。
でも、自分の好きなことや得意なことを生かしてお金を稼げたら、**それって最高に楽し**

いでしょ？

そうやって楽しみながらお金を稼いでいけば、いつのまにかお金持ちになっている。

それが、本当の意味での「幸せなお金持ち」なんです。

物語その3

刑事から年商数千万円のコンサルタントへ

ふーみんさんが「安定」を捨てて見つけた、本当の自由

16年間警察官をされていたそうですね。大きな転身だったと思いますが、きっかけは何だったんですか？

ふーみんさん　はい。一番のきっかけは、成果に応じた報酬を得てみたいという好奇心でした。警察官の給料って、働いた時間に応じて決まるじゃないですか。でも、自分の成果で収入が変わる経験をしてみたくて。まず、やめることを決めて、退職の1ヶ月前にモゲさんに会いに行きました。その時は全然ビジネスのことも分からなくて、本当に1からの

スタートでした。

その時はどんな課題や不安があったんですか？

ふーみんさん　大きく２つありました。１つはＳＮＳの問題です。警察官の仕事では、ＳＮＳは禁止ではないんですけど、あまり良しとされていなくて。だから誰かの投稿を見ることも少なかったし、人前で自分の考えを発信するのがすごく怖かったんです。

もう１つはお金の問題。時給や月給はもらったことがありましたが、成果報酬って経験がなかったんです。だから、人からお金を受け取ることにすごく抵抗がありました。

モゲさんのセミナーを受けて、どんな変化がありましたか？

ふーみんさん　一番大きかったのは「お金持ちって誰でもなれるんだ」という気づきです。

それまでは、お金持ちになるには親が資産家とか、すごい運の持ち主とか、特別なビジネスセンスが必要だと思っていたんです。

でも、モゲさんと出会って考え方が変わりました。例えば、魚をさばくのが上手い人がパン屋で働くのはおかしいですよね。それと同じで、自分の魅力を活かせる場所を見つけて、お金の勉強をちゃんとすれば、誰でもお金持ちになれる。そう気づいたんです。

具体的な行動にも変化はありましたか？

ふーみんさん　ものすごく変わりました。実は調べてみたんですけど、月収100万円以上の労働者って、日本では男性で0.6％、女性だと0.2％しかいないそうなんです。でも今、私の周りにはそういう金額を稼ぐ人たちばかり。
以前は「私には無理」「理解できない人たち」って思っていたのに、今は躊躇せずに、自分が欲しいものを持っている人に会いに行って、積極的に学びに行けるようになりました。

今では警察官時代の退職金と同じくらいの金額を、毎月稼げるようになっています。当時は想像もできなかった生活です。

生活面ではどんな変化がありましたか？

ふーみんさん　夫婦関係が劇的に変わりました。以前は喧嘩が多いわけではなかったんですけど、ストレスや疲労で些細なことにイライラして、お互い不機嫌になることが多かったんです。

でも今は、夫も警察官を辞めて起業して、二人で好きなことを仕事にしています。私が楽しみながら収入を増やしていくのを見て、夫も「いいな」って思ってくれたんですね。今は１日の大半を夫婦で過ごしているのに、ストレスもないし、むしろ仲も深まっています。

夫は朝から夕食まで料理を作ってくれるようになりましたし、小さな子供の今しか見られない成長も二人で見られる。本当に幸せです。

現在の仕事について教えていただけますか？

ふーみんさん　私には人の感情が色で見える共感覚があって、それを活かして、クライアントさんのキャッシュポイント（収益ポイント）を見つけ出すコンサルをメインでやっています。起業して5年になりますが、最近は対面セミナーで全国から70人も集まっていただけるようになりました。

さらに嬉しいことに、商業出版することができました。5年前は「私なんて何もできない」って言っていた自分が、今では多くの人に喜んでもらえる仕事ができている。本当にモゲさんのおかげです。

以前と比べて、気持ち的な違いは？

ふーみんさん　もう全然違います。お金を使うことも怖かったし、大金を人から受け取ることなんて考えられなかった。「地味で目立たないのが良し」という世界にいた私が、本当に１８０度変わりました。

世界の見える色が変わったような感覚です。面白いのが、人から何を言われても気にならなくなった。それは自分が心から幸せだからなんです。これって最強だと思います（笑）。

これからモゲさんのセミナーを受ける人へメッセージをお願いします。

ふーみんさん　「良かったね」って伝えたいです。会うって決めた瞬間から、幸せなお金持ちの世界に一歩近づいているんです。私も人生が１８０度変わりました。実際、昔からの知り合いには見た目も変わって最初は気づかれないくらい（笑）。

好きな服を着て、好きな髪型にして、年齢に関係なく自由に自分のやりたいようにできる。これって最高なんです。そんな世界に踏み出すチャンスをゲットできて、本当に「良かったね」って、心からそう伝えたいです。

こちらの
インタビュー動画は、
LINEで公開して
おります！

https://eresa-publishing.co.jp/lngy

第4章 幸動(行動)の魔法

貧乏起業女子が億女に変わる瞬間

この章のゴール　この章では、これまで学んだ**マインド・運・お金**の知識を実際の行動に結びつけ、具体的な成長のステップを理解します。

- **マインドと運気を味方につけた「幸せな行動」の始め方を習**得する
- **行動開始から3ヶ月、半年、1年での具体的な変化とステップ**を知る
- **「幸動（幸せな行動)」を持続させ、自然と結果を引き寄せる方法を**学ぶ
- **行動の質を高め、億女への道のりを加速させる実践法**を得る

これまでの章で、成功への**マインドセットと運気の高め方、そしてお金との向き合い方**について学んできましたね。

「でも、実際にどう動き出せばいいの？」「行動は分かるけど、いつ頃どんな変化が起きるの？」

こんな声が聞こえてきそうです。

そこでこの章では、**具体的な行動のタイムライン**と、**実践的な成功への道筋**をお伝えしていきます。

例えば、行動を始めてから最初の3ヶ月で起こる変化はこんな感じです：

1ヶ月目　不安と戦いながらも、小さな一歩を踏み出す
2ヶ月目　最初の失敗と挫折を乗り越え、本当の意味での「行動力」が芽生える
3ヶ月目　行動が習慣化し始め、小さな成果が見え始める

そして**半年後**には

・自分なりの行動パターンが確立される

・周りから変化を指摘されるようになる
・最初の大きな成果（例：月収30万円突破など）を体験

1年後には
・行動が完全に自然体に
・複数の収入源が確立
・周りの人までも変化させる影響力が生まれる

「でも、モゲさん…」

そう、あなたの心の中から不安の声が聞こえてきそうですね。
・**「行動したいけど、できないんです……」**
・**「周りの目が気になって……」**
・**「時間がない」「お金がない」「自信がない」**
これらの不安は誰しもが感じるものです。

この章では、これらの不安をどのように克服していくのか、そして行動を始めるための具体的な方法を解説していきます。

実はね、**今や億女として活躍している僕のクライアントさんたちも、最初はみんな同じように悩んでいたんです。**

でも今では、**楽しみながらどんどんお金を稼げるようになりました。**

「どうやって変われたんですか？」

そこで大事になってくるのが**「幸動（幸せに動く）」**という考え方です。

「楽しくラクに稼ぐ」の本当の意味

「楽しくラクに稼ぐ」と聞くと、なんか**「何もしなくてもお金が入ってくる」**みたいに思いませんか？

でもね、それは**大きな誤解です。**

僕がこれまで数えきれないほどの億女を見てきましたが、**「何もしないで成功した人」**

なんて一人もいません「楽しくラクに」とは、**「自分に合った正しい行動をする」ことで結果が出やすくなる、**ということなんです。

「幸動」で変われる理由

そこで登場するの**「幸動（幸せに動く）」**の考え方です「幸動」とは、ただやみくもに動くのではなく、

自分が楽しいと感じる行動を選びながら、結果的に成功を引き寄せる方法なんです。

実は、**僕自身もこの「幸動」を実践してきた一人です。**

先程も書きましたが、僕は子どもの頃から**おしゃべりが大好き**で、家族や友達と話すのが楽しくて仕方なかったんですよね。

学校でも先生に**「もうちょっと静かにしなさい」**って言われるくらいでした（笑）。

でも、**「おしゃべり好き」**が今の仕事につながっているんです。

セミナーやコンサルで、話をすることで人を元気づけたり、新しい気づきを与えたりで

きる。

この仕事が楽しくてたまらないのは、**僕にとって自然な「幸動」だからなんですよ。**

このように、**自分の得意なことや楽しいと感じることを活かして動く**ことで、

行動がスムーズになり、結果も出やすくなるんですよ。

「棚からぼた餅」の法則

僕がよく言う**「棚からぼた餅」の法則**も、ここに関係しています。

確かに**ラッキーなことって突然降ってくる**んです。

でも、**「ぼた餅」が落ちてくる場所にいないと意味がない**んですよ。

つまり、

行動をしている人だけが、チャンスを掴む場所に立てるということです。

幸せを感じながら一歩一歩行動することで、

行動そのものが楽しくなり、さらに**大きなチャンス**を引き寄せることができるんです。

この章では、**貧乏起業女子が億女に変わる瞬間の秘密**をお話しします。
最初の一歩を踏み出すのは、ちょっと怖いかもしれません。
でも、**大丈夫です。**
ここでお伝えする「幸動の魔法」を使えば、
その一歩がワクワクするような冒険に変わるはずです。
さあ、一緒に**億女への扉**を開いていきましょう！

なぜ、あなたは行動できていないのか？

「周りの目が気になって…」

「家庭があるから時間がない…」

「忙しくて…」

もしあなたが行動ができていないのであれば、僕から**衝撃的な事実**をお伝えします。

行動できない人って、実は"幸せな人"なんです。

「えっ？　モゲさん、何言ってるんですか？」

でもね、これ、本当なんです。

だって考えてみてください。

行動しなくても生きていける。

つまり、**本当は困ってないってことですよね？**

僕が借金を抱えていたときは、毎日が必死でした。**「来月の携帯代、どうやって払おう？」**って夫婦で悩みながら生きていたんです。

そんな状況では、否が応でも動くしかありません。

だって、**生きるか死ぬかの状態だったから（笑）。**

だから僕は、行動できない人にこう言うんです。

「行動できないなら、しなくてもいいんじゃない？」

本当に困ったら、人は自然と動き出す

「えっ、それって諦めるってことですか？」

違います。

本当に困ったら、人は自然と動き出すものなんです。

それまでは、無理して行動しなくてもいい。

じゃあ、どうやって行動を始めればいいの？

「分かりました。でも、どこから始めればいいんでしょう？」

まず、大事なのは、**自分が本当に困っているかどうか**です。

「今のままでもまあ大丈夫」と思っているなら、今は無理して行動しなくてもいいんです。

なぜなら、**無理に動こうとするとストレスが溜まり、かえって疲れてしまう**から。

でも、**「このままじゃマズい！」って思うなら、それが行動を始めるサイン**なんです。

「やりたいことが分からない」場合の解決法

「でも、やりたいことが分からないんです…」

そういう人、すごく多いんですよ。

そういう人は、**「自信がないこと」をやったらいいんです。**

なぜなら、**「自信がないこと」は「やりたいこと」だから。**

人はやりたくないことは**「自信がない」**っていわないんです。

例えば、野球に興味がない人に

「大リーグ目指して野球やってみたら？」って言ったら、**「自信がない」とか言わずに間違いなく「やりたくない」**っていいますから（笑）。

でも、カウンセラーを始めようとしてるけどやり方がわからない人に

「まず、無料セッションとかやってみたら？」って言うと、

ほとんどの人が**「自信がない」**って答えるんです。
「やりたくない」とは決して言わないです（笑）。

自信がないことをリストアップしてみる

だから、**やりたいことがわからない人**は、
今まで人にアドバイスされたけど**「自信がない」**って答えてたことをまず書き出してみてください。
そして、お金がかからないことからやってみる。
そしたら、**10個ぐらいやったらひとつぐらいは成功します、たぶん（笑）。**

最近はＡＩに相談するのもアリ

…あ、最近だと**ＡＩに相談する**って手もありますよね。

モゲＡＩに聞いてみるのも良いかもしれません（笑）。

（無料でできますからね♪）

一番大事なのは「ＴＹ（とりあえずやってみる）」

小さなことからで構いません。

だって、**やってみなければ何も始まらないし、何も変わらない**ですからね。

どうしても困らない場合はどうする？

「でも、私はそこまで困っているわけじゃないし…」

そう思うかもしれませんね。

その場合**「誰を幸せにしたいか」**を考えてみてください。

例えば、子どもの手術費用が必要な時、親は本気で頑張りますよね。

モゲAIはこちら

https://eresa-publishing.co.jp/lngy

それと同じように**「自分以上に大切な誰かのために動く」**というのは、大きな原動力になるんです。

自分のために動くことも大切

「でも、私は一人暮らしで…」という方もいるでしょう。

それなら**「自分を幸せにする」**ことを目標にしてみてください。

自分の未来を思い描き、それを叶えるための一歩を踏み出す。

一緒に楽しみながら、夢に向かって頑張りましょう！

ＴＹ（とりあえずやってみる）で人生激変！「知覚動考」のすすめ

「もっと勉強してから……」

「準備が整ってから……」

「もう少し考えてから……」

ちょっと待った!!

これ、実は"億女"になれない人の**最大の特徴**なんです。

ぶっちゃけ、お金持ちになれない人は**「考えてから行動しよう」**と思いがち。

でも**お金持ちになれる人は「行動しながら考える」**んですよ！

億女たちの行動パターン：「知覚動考（ともかくうごこう）」

これ、実はすごく重要なんです。

① **知覚**…感じる

② **動**…行動する

③ **考**…考える

この順番が**超大事！**

一般的な人 ｖｓ 億女たち

多くの人は**「考える→行動する」**の順番ですよね。

でも、それだと不安が増えるばかりで、なかなか動けません。

──**”億女“たちは「感じたら即行動、そのあとで考える」**んです。

「えっ？ そんな適当でいいんですか？」

はい！ むしろそのほうがいいんです！

神様は、**思いついてから48時間以内に行動した人を応援する**──って言うのが数々の億女を見てきたモゲの持論です。だから、**うまく神様に応援してもらいましょう！**

実例：あるクライアントさんの成功ストーリー

例えば、僕のクライアントさんの話。

彼女は僕のハワイツアーに参加したいと思ったとき、**お金がなかったんです。**

普通**「無理だな……」**って諦めちゃいますよね。

でも彼女は違いました。**「とにかく100万円稼ごう！」**と即決し、行動を開始！

最初は知り合いや親戚にデザインの営業をしてみたものの、断られたり、無視されたりで全然うまくいきませんでした。

それでも行動を続ける中で、彼女はふと気づいたんです。

「そういえば、モゲさんってすごく売れているのに、ホームページがないな……」

そこで彼女は僕にホームページ制作を提案！

粘り強い行動が成功を引き寄せた

実は最初、僕は忙しくて断ったんですよ（笑）。

でも彼女、ここで**諦めずに、「お金が増えるウェブサイトを提案すれば喜んでもらえるはず」**と考え直し、お金のサブリミナル効果を取り入れたデザインを提案してきたんです。
結果、なんと30万円の契約成立！
さらに、別のセミナー講師から10万円、セミナー参加者から10万円の仕事を受注し、
見事50万円を達成！
その後、よくよく計算してみると、セミナー等諸々のハワイの経費を計算すると
１００万円どころか50万円で行けることが判明!!
そして、ハワイセミナーに参加できたんです。
さらに彼女はハワイツアーに参加した翌月から月に7桁稼げるようになり、今では月に
8桁稼げるようになりました。

小さな一歩から始める勇気

「でも、私にはそんな大胆なことできません……」

そう思うかもしれません。

でも、クライアントさんだって最初から強い人だったわけじゃありません。

ただ、**「TY精神」で一歩を踏み出しただけです。**

例えばこんな行動から始めてみる

●気になる人にメッセージを送る

●アイデアをブログに書く

●小さな商品を作って売ってみる

たとえ小さな一歩でもいい。

その一歩が、**あなたの人生を大きく変える**かもしれないんです。

正しい方向への行動──努力が実を結ぶ道筋

「一生懸命頑張っているのに、なかなか結果が出ない…」
そんな悩みを抱えていませんか？
もしかすると、**努力の方向を間違えている**のかもしれません。
これは、とても重要な話です。
例えば、北海道に行きたいのに沖縄に向かって歩いているようなもの。
どれだけ努力しても、目的地にはたどり着けませんよね。
行動の方向性って、本当に大切なんです。

努力の方向を変えた成功例

ある時、すごく美人なクライアントさんから、
「彼氏が全然できないんです」という相談を受けたことがあります。
話を聞いてみると、メイクも完璧、服装もセンス抜群。
でも、**決定的な問題**があったんです。

「家から一歩も出ない」んですよ！（笑）

そりゃあ、誰にも会えませんよね。

どれだけ美人でも、外に出なければ出会いはありません。

でも嬉しいことに、その女性が外に出るようになったら、すぐに彼氏ができて、最終的には結婚までいったんです。

これって、ビジネスでもよくある話なんです。

自分磨きに一生懸命でも、必要な場所に行かなければ意味がない。

行動の方向性を間違えないことが大事なんです。

努力を実らせる3つのポイント

1　努力の方向を間違えない

例えば、**「お客様のため」と思って安売りしていませんか？**

一見、良さそうに思えるこの行動も、実は大きな落とし穴です。

個人事業主が安売りして潰れてしまったら、
かえってお客様に迷惑をかけてしまいますよね。
私たち個人事業主が大切にしなければいけないのは、「生き残る」こと。
だからこそ、大企業とは異なる戦略が必要なのです。

2　成功者から学ぶ

これは非常に重要なポイントです。
例えば、

●起業を考えているのに、会社員の友達に相談したり
●英語を話せるようになりたいのに、英語を話せない人からアドバイスを受けたりしていませんか？

それって、泳げない人に泳ぎ方を教わるようなものです（笑）。

成功者の真似をすることで道が開ける

僕のクライアントさんにも、こんな例がありました。

ある女性がセミナー講師を目指していたのですが、最初はセミナー経験のない人に相談していました。

当然、うまくいきませんでした。

しかし、**実際にセミナーで成功している人から学び始めた途端、**たった3ヶ月で**月収100万円を達成**することができたんです。

また、当時、全然稼げていなかったクライアントさんの話も印象的です。

彼女はいつも「お金持ちには騙されないぞ」と気を張って貧乏なままでした。

そこで僕はこう言いました。

「そもそも、あなたは貧乏な時点で世の中に騙されているんじゃない？」

すると、彼女は気づきました。

「確かに！　それなら、いっそお金持ちに〝騙されて〟お金持ちになったほうがいいですよね」

その発想の転換をきっかけに、行動を変え、成功者の道を歩み始めました。

そんな彼女は今では億女です。

3　素人のアドバイスに振り回されない

これも意外と見落とされがちですが、非常に重要です。

無料でアドバイスをくれる人や、素人の意見に耳を傾けすぎると、迷いや恐れが生まれ、行動が鈍ってしまいます。

なぜかというと、**お金をもらっていない人は、そのアドバイスに責任を負わない**からです。

だからこそ、目指す方向が同じ人や、すでに成功している人のアドバイスを聞くことが大切なんです。

正しい努力で結果を引き寄せる

どれだけ努力しても、**方向を間違えていては結果にはつながりません。**

逆に、**正しい方向に努力を注げば、どんな壁も乗り越えられるようになります。**

成功者から学び、素人のアドバイスに振り回されないことが、努力を結果に結びつける**一番の近道**です。

今、あなたが頑張っている方向が正しいかどうか、少しだけ立ち止まって見直してみてくださいね！

努力が報われる道筋に立てば、きっと今までの頑張りが何倍にも実を結ぶようになります。

らせん階段の法則――行動すれば必ず上に進める！

「また同じところで失敗しちゃった…」

「全然成長してない気がする…」

そんな風に感じること、ありませんか？

でもね、それって実は**大きな勘違い**なんです。

あなたは「らせん階段」を上がっている

あなたが今「同じところをぐるぐる回っているだけ」と思っていること、
実は**少しずつ上に進んでいる証拠**なんです。
らせん階段って、何度も同じ景色が見えるように感じますが、
実際には**高い場所へと登っている**のと同じなんですよ。

実例…成長の見えにくさ

例えば、こんな経験はありませんか？
今月も先月も売上が落ちてしまって落ち込んだとします。
でも、
●先月は３日間落ち込んでいたのに、今月は３時間で立ち直れた。

これって、実は**大きな成長**なんです！
同じ失敗に見えても、確実に**次のレベル**に進んでいるんですよ。

成長の仕組み…「情報」から「直感」へ

なぜこうした変化が起こるのか？
それは、成長には次のようなステップがあるからです。

1　情報

最初は新しい情報を集める段階です。
例えば、「集客にはこういう方法がある」といった知識を得ます。

2　知識

情報を理解し、知識として蓄えます。
でも、この段階ではまだ**頭で考えているだけ。**
行動しないと、ここで止まってしまいます。

3　行動

知識を実際に試すことが「行動」です。

ここで失敗や成功を経験することで、単なる知識が「知恵」に変わります。

4　知恵

行動の結果を振り返ることで、

「この方法が良かった」「ここを改善すればいい」といった**知恵**が生まれます。

5　直感

知恵を繰り返し積み重ねることで、

最終的には直感**「次はこうしたらいい」**と分かるようになります。

だから、失敗しても**立ち直りが早くなる**んです。

行動がもたらす「らせん階段」の実例

僕のクライアントさんたちも、最初は同じような失敗を繰り返していました。

例えば、セミナーの集客に苦労していた人。

最初は失敗して1週間も落ち込んでいましたが、**行動を続けることで、今では「次はこう改善しよう！」とその日のうちに次の行動を起こせるようになったんです。**

これって、すごい成長だと思いませんか？

失敗はむしろ「学び」のチャンス

「でも、失敗するのが怖い…」

そう思う気持ちも分かります。

でも、実は**失敗から学べることの方が圧倒的に多い**んです。

成功すると「やった！」で終わってしまうことが多いですよね。

でも、失敗すると**「なぜうまくいかなかったんだろう？」と考える。**

その振り返りこそが、成長につながる鍵なんです。

毎日1％の成長がもたらすもの

先述でもありましたが、
毎日1％成長すると、1年後には約37倍の成長を遂げます。
逆に、**毎日1％サボると、1年後にはたった0・03倍**まで成長は低下してしまいます。
大人になっても、日々の**小さな成長の積み重ね**が、驚くほど大きな結果を生むんです。

あなたも「行動」で未来を変えよう！

「自分は成長していない」なんて思う必要はありません。
実は、らせん階段を少しずつ上っているんです。
同じ失敗に見える出来事も、振り返ってみれば

●「悩む時間が短くなった」

● **「次の行動が早くなった」**

といった成長の証が見つかるはずです。

さあ、今日も一歩踏み出してみませんか？

その一歩が、きっとあなたを**想像以上の場所へ**連れて行ってくれるはずです！

行動から始まる億女への転換 ～僕の失敗と成功の物語～

失敗って怖いですか？

実は僕もたくさんの失敗があります。。その経験をお話ししますね。

まず、コロナの時の話から。

僕のセミナーに参加した人が実は濃厚接触者だったことが判明し、

僕ももれなく濃厚接触者に…

しかも次の日にはまたセミナーでした。

実際、めちゃくちゃ困りました。

だって、参加者さんは全国各地から来てくださるのに、僕はセミナー講師なのにセミナーに参加できなくなりましたから。

正直、焦りましたが、その時は次の日のセミナー参加者が喜ぶ方法をだけを考え、その結果、参加費を**全額返金**してリモートで会場とモゲの家を繋いでセミナーをやらせてもらいました。

なので、参加者の方は無料でセミナーを受けられ**大喜び。**

結果、むしろ**信頼が深まって、逆にビジネスが大きく成長しました。**

ぶっちゃけ、当初の損失は５００万円を超えましたけどね（笑）。

でも、この経験で大事なことに気づいたんです。

お金を失っても**信頼を得られれば、それは実は「得」**なんです。

だって、信頼があれば、またお客様は戻ってきてくれる。

むしろ、もっと深い関係性が築けるんです。

これ、面白いでしょ？　**損して得取れ**ってこういうことなんです（笑）。

それと、古本屋時代の話もしましょうか。

僕ね、女**性との人間関係が本当に苦手**で、半年で3店舗から追い出されたことがあるんです。

その時、オーナーから「もう次に行く店がないよ」って言われて…。

実は当時、古本屋は僕以外全員女性だったんです。

僕、女性の心理なんて全然分からなくて。

プライベートでは**1日10人くらいフラれる生活**でした（笑）。

でも、ここからが大事！

僕はその時、「このままじゃダメだ」**と思って、必死に本を読んで勉強したんです。**

特にデール・カーネギーの「人を動かす」は熟読しましたね。

1000冊以上の本を読んで、少しずつ成長していったんです。

そうやって**7年かけて成長**して、年商数億円を叩き出す古本屋へ。そして、最終的に**7店舗の統括店長**になれたんです。

面白いでしょ？

女性との交流が超苦手だった人間が、今では女性起業家専門のコンサルタントをやってる（笑）。

そしてもう一つ、人生を大きく変えた失敗の話。

起業当初、僕は働きすぎて体を壊して、**パソコンの画面が見れなくなってしまったんです。**その時、お医者さんから「これ以上働いてはいけません」って、**ドクターストップ**をくらいました。

でもね、この時に妻が素晴らしい言葉をくれたんです**「私が稼ぐから、あなたは好きなことをやって」**って。

この言葉がきっかけで**「ワライフ」**という考え方が生まれました。

「幸せに動く」、つまり「幸動」することの大切さに気づいたんですね。

働けなくなって気づいたんです。**「どうせ仕事をするなら、楽しくやりたいことをやりたい」**って。

そこから一歩ずつ前に進んでいって、**「億女メーカー」**になれたんです。

ここで大事なことを言いますよ。
大体の悩みって、克服したら仕事になるんです。
できなかったことができるようになる。それだけで、商品になるんです。
例えば、
太っている人が痩せるだけで仕事になる。
貧乏だった人がお金持ちになれば、それを教えられる。
僕だって、借金3000万円だった経験があるからこそ、
今、お金がない人、人間関係が苦手な人の気持ちに寄り添え、
幸せなお金持ちを育成できるんです。
だから、**あなたの今の悩みこそ、実はビジネスチャンスなんです。**
そして、もう一つ大事なこと。
失敗しても大事な**「受け身を取る」**ことなんです。
人は必ず倒れます。でも、その時にどう対応するかが勝負なんです。
例えば、骨折した時のことを考えてみてください。

骨折した部分って、治った後、一番強くなるんですよ。

失敗も同じなんです。**失敗した部分が、実は一番強くなる「あ、ここはもっと強くなるんだな」**と思えば、失敗は怖くなくなりますよ。

僕なんて昔、よくフラれてましたよ（笑）。

でも今は全然気にならない。

だって、元々付き合ってないんだから、フラれても何も変わらないでしょ？（笑）

エリートの人って、失敗したりフラれたりすると「終わった」って思うんですよね。

でも実際は、まだ何も始まってもいないんです。

そんな変なプライドは捨てちゃいましょう。

さあ、**あなたも失敗を恐れずにどんどんチャレンジしてみませんか？**

だって、失敗してもいいじゃないですか。

むしろ、**失敗から学んでどんどん成長していける。**

そう考えられるようになれば、**あなたの人生はガラリと変わるはずです。**

新しいビジネスにチャレンジしたり、

憧れの人に声をかけてみたり、
今までやったことのない趣味を始めてみたり…。
そうやって、どんどん自分の世界を広げていく。
そんな人生って、素敵じゃないですか？
失敗したら今後の笑いのネタにすればいいです。
実際、老後に一番盛り上がるのは成功話ではなくて、**失敗話ですからね（笑）。**

行動力を継続させる秘訣――楽しくなければ続かない！

あなたは**「なかなか続かない」**って悩んでいませんか？

いろんなことを頑張ろうと思っても、長続きしない…。

実を言えば、それって当たり前のことなんです。

だって、続けられるのは**歯磨きみたいな「習慣」か、「楽しいこと」**だけだから（笑）。

先述したように、僕自身も、働きすぎてドクターストップがかかった経験があります。

「もう働いちゃダメ！」って言われちゃったんですよ。

でもね、その経験から気づいたんです。**「どうせ仕事をするなら、楽しくやりたいことをやりたい」**って。

実際、**楽しくないことを無理に続けると、**

自分の気持ちがわからなくなって、今後の幸せを考える余裕もなくなっちゃうんです。

例えば、満員電車。

毎日乗ることはできても、それが習慣化すると**自分の気持ちが無理をしてしまう。**

「えー、でも仕事って楽しいことばかりじゃないですよね？」

そう思いましたか？

でもね、自分の気持ちを大切にする方法はいくらでもあるんです。

僕の個別セッションは**高級レストランでお酒を飲みながら**やらせてもらってます。

実はこの本も**ワインを飲みながら**書いてます（笑）。

人は喜びながら成長できるんです。

自分の気持ちと上手に付き合って、楽しみながら仕事をすれば、
クリエイティブなアイデアも浮かびやすくなるし、
クライアントさんにも**良いエネルギーを届けられる**んです。

楽しみながら続ける方法を見つけよう

要は、楽しみながら続けられる方法を見つけること。
それが、行動力を持続させる一番の秘訣なんです。
さあ、あなたも「**楽しく続ける**」**という選択をしてみませんか？**
きっと、億女への道も素敵な冒険になるはずです！

行動を続けるための具体的な3つのポイント

1
理想の未来を詳細に描く

「何をしたいのか」「どうなりたいのか」を、**具体的なイメージとして頭に描いてみてください。**

可能であれば、紙に書き出してみるのもおすすめです。

2
「今できる小さな行動」を見つける

妄想するだけでは意味がありません。

その未来に近づくために、**今すぐできる小さな行動**を始めてみましょう。

3
環境を変える

自分が理想としてる人がいる環境に身を置くと、

無意識に当たり前の行動が変わり、成功が何十倍、何百倍も簡単になります。

行動がすべてを変える！ あなたの中の「億女スイッチ」を押そう！

最後に、大切なことをお伝えしたいと思います。

人生には、「喜びの時間」と「学びの時間」しかありません。

行動して成功したら喜べばいい。

失敗したら学べばいい。**それだけ**なんです。

例えば、僕のクライアントさんにこんな人がいました。

行動すべきか迷っていたので、

「じゃあ、このまま何もしなかったら1年後どうなってます？」って聞いてみたんです。

そしたら**「あっ！」**って気づいたんですね。

行動しなければ、1年後も今と同じ。

でも、行動すれば、何かが変わる可能性がある。

実際、その人は行動を始めてから、たっ**た3ヶ月で月収100万円を達成**できました。

さあ、あなたはどっちを選びますか？

今すぐ行動する？　それとも、もう少し待つ？

どちらを選んでも、それがあなたにとっての**正解**です。

ただし、この本を読んでいるということは……

もしかしたら、そろそろ**行動したい気持ちが芽生えている**のかもしれませんね？

だって、あなたは**行動を始めている**じゃないですか。

この本を手に取って、ここまで読んでくれたこと。

それ自体が、立派な「行動」なんです。

僕は借金を抱えていた時、毎日車での片道2時間の通勤中もビジネスの音源を聞き続けました。

夜中まで本を読みあさりました**「すごく大変ですね！」**ってよく言われますが、僕は読書が趣味だったので全然苦じゃなかったんです。

楽しみながら行動（幸動）を続けられたからこそ、今の僕があるんですよ。

完璧を目指さなくていい

とりあえず動いてみる。とりあえずやってみる（TY）です。

それだけでいいんです。

モゲ流・行動の魔法まとめ

- **自信がないことは、やりたいことの証。だからこそチャレンジする価値がある**
- **失敗は成功の種。悩む時間を3時間以内に制限すれば、次の成功に活かせる**
- **行動しないと何も変わらない。でも、行動すれば必ず何かが変わる**
- **楽しくないことは続かない。だから、楽しみながら行動することが大切**
- **何回もチャレンジできるようにリスク管理をしてノーリスクのことから始める**

「でも、モゲさん。私にはまだ自信がないんです…」

大丈夫です。

自信なんて、行動してから付いてくるものです。

さあ、今日から「ＴＹ」と「ＤＵ」を実践しよう！

●ＴＹ（とりあえずやってみる）

●ＤＵ（どうせうまくいく）

行動するかしないかで、人生は大きく変わります。

今この瞬間も、**誰かが行動して夢を叶えているん**です。

あなたの中にある「億女スイッチ」を、今すぐ押しちゃいましょう！

きっと素敵な変化が、あなたを待っているはずです。

楽しみながら、一緒に頑張っていきましょう！

物語その4

「自分らしさを取り戻して月商1000万円」

ホテルウーマンから魔女兼コンサルタントへの転身

まずは、キャリアの変遷を教えていただけますか？

赤羽咲紀さん　はい。最初は軽井沢のリゾートホテルで働いていて、手取り16万円のホテルウーマンを2年ほどやっていました。その後、起業に挑戦したんですが、そこから200万円の売上が出るまでは1年3ヶ月ほど無収入の時期がありました。バイトをしながら隙間時間で起業の準備をしていた時期ですね。

モゲさんと出会う前は、どんな状況だったんですか？

赤羽咲紀さん　恋愛カウンセラーとして活動していて、月の最高売上が２００万円くらいでした。でも、それは本当に限界値で。睡眠時間を削って大量行動して、プロモーションを必死でやるような働き方だったんです。体もしんどくて「このやり方じゃ続けられない」と感じていました。

それに、当時は男性的なガツガツしたビジネスの成功法則を実践していて。「ちゃんとしなきゃ」「価値提供しなきゃ」という思いが強すぎて、お客さん第一で自分を犠牲にするようなビジネスになっていました。もっと自分も楽しめる方法があるはずだと思って探していた時にモゲさんと出会いました。

モゲさんのセミナーでどんな気づきがありましたか？

赤羽咲紀さん　まず、稼ぐことへの罪悪感から解放されました。それまで「お金お金」というのは自分のキャラクターとは違うと思って遠慮していたんです。でも、モゲさんの周りのお金持ちの方々を見て、「お金持ちってこんなに幸せそうなんだ」と気づきました。

特に印象的だったのは、モゲさんの「自分だけじゃなくて周りの大切な人も幸せになっていく」という考え方です。「私が稼いだら周りの人も喜ぶんだ」という気づきが、大きな転換点になりました。

また、モゲさんの周りには驚くほど多くの稼いでいる女性がいて。子育て中のお母さんから20代の方まで、月に何百万、何千万と稼ぐのが普通の世界だったんです。それまで100万稼いだことがある人は聞いたことがあっても、実際にそれ以上稼いでいる人に会ったことがなかったので、世界が広がる感覚でした。

その後、具体的にどう変化していきましたか？

赤羽咲紀さん　モゲさんに出会ったのが2021年2月で、その2ケ月後の4月には

３００万円を超え、5月には５００万円、9月には月商１０００万円を達成しました。それまでの２００万円の壁を、トントントンと超えていって。しかも、その後も安定して稼げています。

ビジネスや生活面での変化は？

赤羽咲紀さん　とにかくビジネスが楽しくなりました。以前は「仕事として頑張らなきゃ」という気持ちがあったんですが、今はすごくラクに楽しくできています。手を抜いているわけじゃないんですが、お客さんにも喜ばれているし、自分の幸せに妥協せずやりたいことを追求できています。

場所の自由も手に入れて、今はタイのバンコクと東京でデュアルライフを送っています。ヨーロッパが好きで、去年は12カ国ほど旅行に行きました。今年もフランス、イギリスに行って、秋にはトルコも予定しています。

モゲさんは「稼げば稼ぐほど時間の余裕も増える」とおっしゃっていて、本当にその通りでした。むしろ自分の好きなことにも時間を使えるようになって、それがまたクライアントさんへの還元にもつながっています。

自分らしさという面でも変化があったと聞きましたが？

赤羽咲紀さん　そうなんです。以前は恋愛カウンセラーをしていた時、プリンセスっぽい雰囲気でやっていました。でも実は、私は魔女が好きなんです。ただ、魔女ってマニアックで、憧れる女性は大多数ではないと思って、そこを出すのが怖かった。

でも、モゲさんや周りの方々が自分に正直に生きているのを見て、「私も好きなものを好きって言ってみよう」という勇気をもらえました。最初は怖かったけど、少しずつ出してみたら受け入れられて。今では全開で魔女の世界観を出していけています。

以前は「カウンセラーはこういう人物像が理想」と思って自分を合わせていて、寄り添い方も「そうですね、辛かったですよね」って言わなきゃいけないような感じでした。それが微妙なストレスになっていたんです。でも今は自分全開で、そこに共鳴するお客さんだけが来る形に。背伸びした自分を好きになってもらうんじゃなくて、素の自分を好きって言ってくれるお客さんだけが集まるようになって、すごくラクになりました。

月１００万円を目指している人へのアドバイスをいただけますか？

赤羽咲紀さん　モゲさんもよく言う「とりあえずやってみる（ＴＹ）」が、このフェーズでは一番大切だと思います。

まず、１００万円を達成できる商品を持つことが重要です。例えば３,０００円の商品だと、１００万円達成までに何百人も必要ですよね。でも10万円の商品なら10人、20万円なら5人で達成できる。そういう現実的な商品設計が大切です。

あとは、１００万円に行くまでは、どうしても結果が出るまでメンタルが落ち込みがちなので、「幸せなお金持ち」のマインドをインストールするために、マネタイズセンスがある人と一緒にいることですね。とにかくやりながらフィードバックをもらって改善していけば、モゲさんも言うように、１００万円は必ず全員が稼げる金額だと思います。

では、100万円から300万円、500万円を目指す人へのアドバイスは？

赤羽咲紀さん　これは私もモゲさんに聞いた質問なんですが、100万円の時点で「どんな人に出会うか」が重要だと言われました。実際、私もその通りでした。

100万円稼いでも苦しそうに稼いでいる人だと、「100万円が苦しかったから、300万円はもっと苦しいんだよ」って感じで稼ぎたくなくなっちゃう。でも「100万円稼いで、300万円はもっと楽しくて、もっと余裕が出るんだよ」って言われたら「やってみたい！」って思えますよね。

だから、まずはその理想の形で300万円以上稼いでいる人に出会うことが大切です。あとは商品の単価を上げるか、仕組み化するか。つまり、売上は個数を増やすか単価を上げるか、どちらかなので、単価を上げても喜ばれる商品を作るか、人数が多くても変化して喜ばれる商品を作るか。

そして、なるべく自分が頑張る方向じゃなくて、自分が商品を高単価でも売れるくらい魅力的になって、得意なことだけやって不得意なことは任せる方向でやっていけば、１００万円稼げた人なら３００万円も行けると思います。

これからモゲさんのセミナーを受ける人へメッセージをお願いします。

赤羽咲紀さん　私も最初にモゲさんに会った時は衝撃的でした。あんなに笑顔でビジネスしている人を見たことがなくて、真っ白な歯を出して笑っているのが印象的でした。最初は「自分の世界と違う人だな」と思って、自分の叶えたい世界が遠い存在に感じるかもしれません。でも、会ってみるとモゲさんも人間なんだなって分かるし、「もしかしたらこういう世界があって、私も行けるんだとしたら行ってみたい」という素直な気持ちで向き合えると思います。

「絶対騙されないぞ」みたいな気持ちで行くと心が閉じちゃうので、たとえ１％でもいいから、その可能性を信じて扉を開けてみてください。想像以上の未来が待っているはずです。

私自身、今は本当に自分らしく生きられています。それも「もしかしたら？」という気持ちで扉を開けたから。その一歩を踏み出す勇気を持ってほしいと思います。

こちらの
インタビュー動画は、
LINEで公開して
おります！

https://eresa-publishing.co.jp/lngy

第5章 習慣の魔法

「幸せなお金持ち」に生まれ変わる行動習慣

この章のゴール この章では、これまで学んだ「マインド」「運気」「お金」「行動」の知恵を「習慣」という形で生活に組み込み、成功への道のりを加速させる方法を学びます。

- 億女になるための行動を「自然な習慣」に変える方法を身につける
- 三日坊主を逆手に取り、継続する力を育てる
- 環境設定とルーティン作りで、成功への歩みを自動化する
- 習慣化の5ステップを理解し、実践に移せるようになる

「知っているのに、なかなかできない…」

「行動したいのに、続かない…」


この章で一番お伝えしたいこと。

それは、**成功したいなら、習慣を身につけることが必須**だということです。

よく「何をやれば成功しますか？」と聞かれます。

しかし、お金持ちになるのはダイエットと同じで、**習慣化しない限り成功は続きません。**

正しい質問はこうです。


「何を習慣にすれば成功できますか？」


では、なぜ習慣がそれほど重要なのでしょうか？

それは、**人間がまず習慣を作る。しかし、その後は習慣が人間を作る**からです。

実際、僕のもとに相談に来るクライアントさんの多くが、

「習慣が続かない」という悩みを抱えています。

でも、それは本気で取り組んでいないか、もしくは**妄想力が足りない**からなのです。


「毎日同じことの繰り返しなのに、どうして彼女たちは輝いているんだろう？」

そう思ったことはありませんか？

その答えはとてもシンプルです。

それは、**「習慣」の違い**なんです。

あなたもご存じのはず。

毎日の行動が、その人の人生を作るということを。

実は、１日の行動の**90％は習慣**でできています。

だからこそ、その習慣をほんの少し変えるだけで、**人生は劇的に変わっていく**んです。

「でも、新しい習慣なんて続かないよ……」

そう思ったあなた、どうか安心してください。

この章では、僕のクライアントさんたち、いわゆる「億女」たちが**実践している**習慣の魔法をお伝えしていきます。

幸せなお金持ちになるために必要な習慣って、実は誰にでもできることばかりなんです。ただ、それに気づいていないだけ。

彼女たちは、どんな習慣を身につけることで人生を変えたのか？

その秘密を、これからじっくりお伝えしていきましょう！

なぜ「習慣」が重要なのか？──成功する人としない人の決定的な違い

あなたは、朝起きてから夜寝るまで、どんな習慣を持っていますか？

実は、この質問への答えが、**あなたの未来を決めているんです。**

億女たちに共通しているのは、**「自分の習慣を意識的に選んでいる」**ということ。

朝一番にスマホを見るか、本を読むか。

SNSをダラダラ見るか、目標に向かって行動するか。

すべては選択なんです。

でも面白いことに、成功できない人の多くは、こう言います。

「忙しくて習慣を変える時間がない」

これ、実は逆なんですよ。

「勉強する時間がないんじゃなくて、「勉強してないから時間がないんだよ」って、よく僕は言うんです。

例えば、僕のクライアントさんの一人は、毎朝６時に起きてウォーキングする習慣を作りました。

「そんな時間ない」って最初は言ってたんですけど、やってみたら不思議なことに、**仕事の効率が上がって収入も増えた**んです。

なぜでしょう？

それは、**自分を大切にする習慣が、自然とお金を引き寄せるから**なんです。

「でも、新しい習慣って続かないんじゃ…」

そう思いますよね。でも、これも考え方の習慣なんです。

成功する人は、**「続けられない」なんて最初から決めつけません。**

代わりに、**「どうやったら続けられるか」**を考えるんです。

例えば、毎朝のウォーキングが難しければ、まずは週１回からでもいい。

完璧を目指さなくていいんです。

というのも、習慣には**「慣れ」という魔法があるんです。**
最初は大変でも、続けているうちに自然とできるようになる。
それが習慣の力なんです。
僕のクライアントさんたちも、はじめから完璧だったわけじゃありません。
最初は何でも難しいんです。でも、少しずつ自分に合った習慣を作っていったんです。
大事なのは、「何を習慣にするか」より「どんな自分になりたいか」を決めること。
幸せなお金持ちになりたいなら、**幸せなお金持ちの習慣を真似ればいい。**
それって、意外と簡単なことなんです。
例えば…

- **朝一番に「今日も素敵な1日になりそう」と声に出す**
- **お金が増えることを想像しながら、財布を大切に扱う**
- **「ありがとう」を1日3回以上言う**

こんな小さな習慣から始めるだけで、**人生は確実に変わっていく**んです。
なぜなら、**習慣は「あなたという人」を作っていくから。**

今のあなたは、今までの習慣が作り上げた結果。

だから、これからのあなたは、これからの習慣で作ることができるんです。

さあ、あなたはどんな習慣から始めますか？

億女たちに学ぶ──成功者に共通する習慣と考え方

「なんであの人ばかりうまくいくんだろう…」

そう思ったことありませんか？

でも、実は「うまくいく人」には共通の習慣があるんです。

面白いことに、**収入が7桁、8桁を超えるクライアントさんたち**には、ある特徴的な共通点があります。

まず「学びながら稼ぐ」という習慣

最初に驚くのが、億女たちの**「学び方」**です。

第3章でもお伝えしましたが、多くの人は「まず学んでから、稼ごう」と考えます。

例えば、あるクライアントさんがこんなことを言っていました。

「モゲさん、私はまだ勉強不足だから、もっと学んでから行動しようと思うんです」

そこで僕は聞きました。

「じゃあ、その勉強期間中のお金はどうするの？」

すると…答えに詰まってしまったんです。

億女たちは違います。

彼女たちは、**「まず行動して、そこから学ぶ」という習慣**を持っています。

例えば…

- **セミナーで学んだことを、その日のうちに実践する**
- **失敗から学んで、すぐに修正する**
- **お客様の反応から新しいアイデアを得る**

「でも、失敗が怖くて…」

そう思いますよね。でも、考えてみてください。

ビジネスって、学校のテストと違って「受けながら勉強できる」んです。

しかも、間違えても追試験が何度でもある。

これって、すごく恵まれた環境だと思いませんか？

自分を大切にする習慣

億女たちのもう一つの特徴は、**自分への投資を惜しまない**こと。

例えば、**定期的に高級ホテルのスパ**に通ったり、**美容に時間とお金をかけたり。**

一見、贅沢に見えるかもしれません。

でも、これは**「投資」**なんです。

なぜなら、**自分を大切にできない人に、お金は集まらないから。**

「でも、そんなお金がない…」

そう思った人も大丈夫。

まずは**小さなこと**から始めればいいんです。

例えば…

・朝5分早く起きて、お気に入りの香りのハンドクリームを塗る

・静かな時間に自分だけのリラックスタイムを作る

それだけでも、**自分を大切にする習慣**の第一歩になります。

成功者たちの習慣は、特別なものではなく、誰にでも実践できるものばかりです。

大切なのは、それを「意識的に選ぶこと」。

今日から、あなたも始めてみませんか？

周りに振り回されない力

そして最後に、本当に重要なのが**「自分に必要な行動を選び取る力」**です。

例えば、SNSで**「〇〇万円稼ぎました！」**という投稿を見て落ち込んだことはありませんか？

でも、**億女たちは違います。**

そういう情報に振り回されず、**自分に必要な行動に集中**するんです。

実際、僕のクライアントさんの中には、ＳＮＳのフォローを全部外して、心の平安を取り戻した人もいます。

なぜなら、**他人の成功を見て焦るよりも、自分の行動に集中した方が確実に結果が出るから**です。

習慣は自分で選べる

ここまで読んで、**「そんな完璧な習慣なんて無理」**と思った人もいるかもしれません。

でも、安心してください。

億女たちだって、最初からこんな習慣を持っていたわけじゃありません。

少しずつ、**自分に合った形で習慣を作っていったん**です。

大切なのは、「すべてを変える」ことじゃない。

まずは、この中から一つ。

あなたが「これならできそう」と思える習慣から始めてみませんか？

小さな一歩が、**あなたの人生を大きく変えていく**はずです。

「時間がない」は幻想――優先順位が変われば人生も変わる

「時間がなくて…」

これ、よく聞く言葉ですよね。

でも、実は面白いことに、**月収1000万円を超えるクライアントさんたち**は、この言葉を使わないんです。

なぜでしょう？

実は、「時間がない」というのは、**優先順位を間違えているだけ**なんです。

例えば、こんな話を聞きます。

「仕事が忙しくてお金を稼ぐ時間がないんです」

でも、考えてみてください。
そもそも仕事って何のためにしているんですか？
お金を稼ぐためじゃないんですか？（笑）

億女たちの時間の使い方

億女たちには、面白い共通点があります。
彼女たちは「やることリスト」より「やらないことリスト」を大切にしているんです。
例えば…

- **満員電車には乗らない**
- **嫌な人とは会わない**
- **まずいものは食べない**
- **睡眠時間は削らない**
- **集客に悩まない**

「えっ？　そんなこと決めていいんですか？」

はい、むしろ**決めた方がいいんです。**

時間は有限だから、**何かをするためには、何かを「やめる」必要がある。**

これ、単純だけど重要な真実なんです。

あなたも、自分にとっての「やらないことリスト」を作ってみませんか？

それだけで、時間の使い方が劇的に変わり、**本当にやりたいことに集中できるようになる**はずです。

お金を引き寄せる習慣――豊かさと感謝のループを作る

面白いことに、お金には**「気持ち」**があるんです。

「えっ？　お金に気持ちなんてあるの？」

そう思いますよね。

今、僕は3つの法人を持っていますが、2つ目の法人はお金の気持ちを研究するために作った**（社）お金の気持ち研究所**なんです（笑）。

それだけ、**お金の気持ちは大事**なんです。

考えてみてください。

あなたがお金だったら、感謝される場所と文句を言われる場所、どちらに行きたいですか？

お金との付き合い方が、すべてを決める

億女たちには、ある共通の習慣があります。

それは、**「お金があってよかった！」という言葉を、1日に何度も口にすること。**

例えば…

・タクシーに乗れて**「お金があってよかった！」**

・美味しいものが食べられて**「お金があってよかった！」**
・家族に何かをプレゼントできて**「お金があってよかった！」**
最初は照れくさいかもしれません。でも、これが実は**重要な習慣**なんです。
なぜなら、**お金も人間と同じで、喜ばれる場所に集まってくるから。**

お金を遠ざける悪い習慣とは？

反対に、お金が逃げていく習慣もあります。
例えば…
・お金の悪口を言う
・財布を乱雑に扱う
・レシートをクシャクシャにする
・**「お金がない」**を口癖にする
これらは、実はお金に対して**「来ないで」というメッセージ**を送っているようなものなんです。

今では億女になった僕のクライアントさんたちも、最初はこんな習慣を持っていました。

でも、それを変えただけで、不思議とお金が集まり始めたんです。

お金に感謝し、**「豊かさと感謝のループ」を作ることで、あなたの人生にも豊かさが流れ込んできますよ。**

さあ、今日から「お金があってよかった！」を口癖にしてみませんか？

具体的なお金の引き寄せ方

じゃあ、具体的にどうすればいいの？

1　財布を大切にする

・きれいな財布を選ぶ

・**お札は向きを揃える**
・**小銭は毎日整理する**

2

感謝の気持ちを持つ
・毎日**「お金があってよかった」**と3回は言う
・支払う時は**「ありがとう」**と心の中で言う
・収入があったら**必ず喜ぶ**

3

投資を習慣にする
・**自己投資は惜しまない**
・**収入の一部は必ず貯金または投資する**
・**お金を循環させる**

「でも、お金がないのに感謝なんてできない…」

そう思いますよね。でも、これも**習慣**なんです。

１０００円でも１００円でも、今あるお金に感謝する。

それだけで、お金との関係は劇的に変わり始めます。

豊かさのループを作る

実は、お金持ちになる秘訣って、このループを作ることなんです。

感謝→**お金が来る**→**もっと感謝**→**もっとお金が来る…**

このループが回り始めると、不思議と物事がうまく進み始めます。

僕のクライアントさんたちも、このループを意識し始めてから、急激に収入が増えていったんです。

これって、特別な才能や能力は必要ありません。

ただ、今までの**習慣を少し変えるだけ。**

それだけで、**あなたの人生は大きく変わり始める**はずです。

さあ、今日から**「お金があってよかった！」**を、あなたの新しい口癖にしてみませんか？

「三日坊主」を克服する力——習慣化の成功事例集

「私、いつも三日坊主で…」

よく聞く悩みですよね。でも、実は三日坊主でもいいんです。

えっ？　と思いましたか？

実はね、**三日坊主を10回繰り返せば30日。**

つまり、１ヶ月分の習慣が作れるんです。

三日坊主を味方につける

億女たちの中にも、最初は**「続かない」と悩んでいた人がたくさんいました。**

でも、彼女たちが変えたのは「習慣」ではなく「考え方」だったんです。

例えば、あるクライアントさんはこんな風に考え方を変えました。
- **「失敗した…」→「3日も続いた！」**
- **「また挫折した…」→「また新しくチャレンジできる！」**
- **「意思が弱い」→「繰り返し挑戦できる私って素晴らしい！」**

つまり、**三日坊主を「失敗」とは考えない**んです。

習慣化に成功したクライアントさんの例

実際にあったお話をしましょう。

朝活を始めようとしていたクライアントさんがいました。でも、なかなか続かない。

そんな時、彼女はある発見をしたんです。

それは、**「妄想の力」。**

「今日は朝から素敵な男性と電車で遭遇するかも」と想像しながらワクワクして早起き

してみたら、

なんと続くようになったんです（笑）。

妄想はタダです。活用しない手はないですね。

実際、僕もその妄想力を使って、片道2時間かけて毎日のようにコンパに通い、妻とも出会ったぐらいですから（笑）

楽しく習慣化するなら意思より妄想

「やってやろう！」と思う意思の力より**妄想の力**の方が強いんです。

だって、**意思では汗は流せないけど、妄想なら冷や汗も流せるでしょ？**

だから、三日坊主もポジティブに捉えて、**「妄想」という強力なツール**を使って楽しみながら続けてみませんか？

きっと、気づいたら**三日坊主を超えた習慣**が自然と身についているはずです！

成功者と過ごす時間を増やす

でも、もっと大切なことがあります。

それは、**「誰と時間を過ごすか」。**

面白いことに、普通の人と過ごす時間が多いと、**普通の習慣しかつきません。**

だから、億女たちは意識的にこんな行動を取っています……

- **セミナーに参加する**
- **成功している人とランチに行く**
- **成功者のＳＮＳをフォローする**

こういった習慣を作っていったんです。

「でも、そんな人と知り合う機会がない…」

大丈夫。最初は**本**でもいいんです。

成功者の本を読むことも、その人と時間を過ごすことと同じ。

それだけでも、**あなたの習慣は少しずつ変わっていきます。**

新しい習慣を作るコツ

億女たちが実践している、**習慣を作るコツ**をお伝えします：

1　小さく始める

・5分でもいい

・できる範囲から

・完璧を求めない

2　楽しさを見つける

・妄想を活用する

・ご褒美を設定する

・仲間を作る

3　環境を変える

・成功者との接点を増やす
・邪魔になるものは排除する
・必要なものは投資する

「三日坊主」は、実は最高のスタートなんです。

なぜなら、それは**「変わりたい」というあなたの本気の証**だから。

さあ、今日からあなたも、三日坊主を味方につけて、新しい習慣作りを始めてみませんか？

きっと、**思った以上に楽しい冒険**になるはずです。

生活の質を上げる——

幸せなお金持ちの「美容・健康習慣」

「お金持ちになっても、幸せじゃない人もいるんじゃないですか？」

よくこう聞かれるんです。

でもね、本当の意味での**「幸せなお金持ち」**は違うんです。

彼女たちには、ある共通点があります。

それは、**「自分を大切にする習慣」。**

億女たちの美容習慣

まず、億女たちが欠かさないのが**高級ホテルのスパ。**

「えっ？　そんな贅沢なことしていいんですか？」

実はこれ、贅沢じゃないんです。**大切な自己投資**なんです。

なぜって、高級ホテルに行くと、まず**いい香り**がします。
素敵な接客を受けます。自然と背筋が伸びます。
つまり、**「幸せなお金持ち」の感覚が身につく**んです。
僕のクライアントさんたちも、最初は抵抗がありました。
でも、定期的にスパに通い始めてから、不思議と仕事もうまくいき始めたんです。

休み方の上手な使い方

億女たちのもう一つの特徴は、**「休み方」が上手**なこと。

●週に１回は**必ず美容ｄａｙ**
●月に１回は**高級フレンチ**
●**家族との時間**は絶対に確保

「でも、そんな時間どこにあるの？」

面白いことに、こういった時間を作ることで、逆に**仕事の効率が上がる**んです。

なぜなら、**心と体が満たされているから、集中力が高まる**んです。

仕事と趣味の境界線が消える

さらに面白いのが、**年収が3000万円を超えてくると、「仕事」と「趣味」の境界線が薄れてくる**こと。

例えば…

- **海外旅行がビジネスツアーに**
- **お気に入りのブランド買い物がビジネスに**
- **美味しいレストランでの食事が商談に**

これって、すごいことだと思いませんか？

好きなことをしているのに、それがお金を生み出す。

これこそが、本当の意味での**「幸せなお金持ち」**なんです。

最後に大切なこと

忘れないでほしいのは、これは**「見栄」のための習慣ではない**ということ。

自分を大切にする習慣は、あなたの価値を高め、それが自然とビジネスにも良い影響を与えていくんです。

さあ、今日から、あなたも**「幸せなお金持ち」の習慣**を取り入れてみませんか？

小さな変化から、**人生は確実に変わっていきます**よ。

自分にポジティブな影響を与える人だけをフォローする。

自分を高める環境に身を置く。

幸せなお金持ちになった5人の物語

物語その5

「お金持ちアンチ」をやめて「幸せなお金持ち」への転換

ちゃこぴさん、本当の自分らしさを見つけたビジネス変革ストーリー

まず、モゲさんと出会う前の状況を教えていただけますか？

ちゃこぴさん　ブログをぬるぬると書きながら、ホロスコープや四柱推命など、星読みをやっていました。私は物欲が強くて、お洋服が大好きな人間なんです。ちょうどコロナ禍でインスタを見始めたら、世の中の美女たちがハイブランドのショーに招待されたり、可愛い洋服をたくさん買ったりしているのを見て。それがすごく羨ましかったんですけど、

その気持ちにも気づけていない状態でした。

そんな時、アメブロでモゲさんを見かけて。全身VUITTONで、綺麗なお姉さんたちに囲まれてスイートルームでシャンパンを飲んでいる姿を見て、やっと自分の本心に素直になれたんです。

当時の悩みは何でしたか？

ちゃこぴさん　表面的には収入が多くないことでしたが、もっと深いところでは、自分に素直になれていませんでした。自分が本当は何を望んでいるのか、それを人に表現することができなかった。

お金やビジネスという言葉にも強い抵抗があって。そういう言葉を使うと人に嫌われるんじゃないか、お金目当ての人だと思われて嫌なイメージを持たれるんじゃないか、という恐れがありました。

モゲさんのセミナーで、どんな気づきがありましたか？

ちゃこぴさん　まず、セミナーに入って驚いたのが、モゲさんの自己肯定感の高さです。「イケメンでしょ？天才でしょ？」みたいに。お金をもらっている側でも、そこまで自分に素直になっていい、求めていいんだと。

でも、それが本当に心からの言葉だから嫌味がないんです。子供の無邪気さに似ていて。無邪気な子供に喜んでもらいたくなるのと同じように、モゲさんに喜んでもらいたくなる。

それで気づいたんです。今まで「お金をたくさんもらうようになったらああなっちゃう、こうなっちゃう」と思っていたのは、逆に自分に邪気があったからなんだと。人を信頼できていなくて、自分が豊かになったらネガティブなことが起こるんじゃないかと勝手に妄想していた。

ほとんどいないネガティブな反応をする人ばかりを見てしまって、自分が幸せになることを心から喜んでくれる人を見ていなかった。自分が幸せになることも、相手を幸せにすることも、全然無邪気にできていなかったんです。

その後、具体的にどう変化していきましたか？

ちゃこぴさん　セミナー後、まず星読みをやめました。というのも、セミナーに参加している方々は、1日に数十万円投資できるお金持ちの方々。でも、そういう方々は別に星読みができるようになりたいわけじゃないんですよね。

今まで「人に喜んでもらいたい」「稼ぎたい」と言っていながら、実は人が本当に喜ぶことを確認したり、真剣に向き合ったりしていなかったことに気づきました。

そこで、その場でセミナー中に「人を幸せなお金持ちにするためのセッション」を作って、その場で買っていただいたんです。それが私の大きな転換点でした。

どのように新しいサービスに移行していったんですか？

ちゃこぴさん　セミナーで気づいたのは、モゲさんがすごくはっきりと「人はお金持ちになりたい、しかも幸せなお金持ちになりたい」というニーズに向き合っていたことです。私はそれまで、お金の話を避けるために星読みという形を使っていたんです。

実は面白いことに、セミナーの参加者から「ぬるぬるブログ屋さんってどうやってお客さんと出会うの？集客どうしてるの？」とよく聞かれていて。自分なりに個性や魅力を出すことは少し得意だったんです。

それで気づいたんです。「もしかしたら、人を幸せにする、お金持ちになるお手伝いって、その人が一番魅力的に見える角度を伝えることかもしれない。星がこうだからとか、そういうことじゃなくて」と。

今の活躍ぶりを教えていただけますか？

ちゃこぴさん　はい。おかげ様で去年くらいから、収入のベースが大きく変わりました。でも、単純にお金の面だけじゃなくて、モゲさんとの出会いで一番良かったのは、ご自身が奥様を大切にされている姿を見られたことです。

そのおかげで、私も自然とビジネスをしながら旦那さんのことを考えたり向き合ったりする習慣がついて。元々仲は良かったんですが、モゲさんと出会った頃に比べると、今はさらにさらに仲良くなっています。

SNSで起業だからって、わざわざ「旦那さんと仲いいです」アピールをしなくても、自然と「二人の仲の良さ」が伝わるようになったみたいで。それも私にとってはすごく嬉しい実績なんです。

興味深いのは、星読みを完全にやめたわけではないんですよね？

ちゃこぴさん　そうなんです。今は「幸せなお金持ちになるための星読み」として、四柱推命を作り直しました。「成金四柱推命」みたいな感じで（笑）、ちゃんと幸せなお金持ち視点で再構築したら、それがすごく好評なんです。

以前の星読みをやっていた時とは全然違う、ちゃんと幸せやお金持ちになることにモチベーションがある方々と出会えています。モゲさんは単なるノウハウだけじゃなく、あり方や考え方を教えてくれる方なので、過去のやり方も全否定せずに、新しい角度で再チャレンジできました。

普通の起業塾だったら、「星読みというノウハウはダメだった」と否定されて、好きなことを諦めていたかもしれない。でも、モゲさんのおかげで、自分の好きなことを「幸せなお金持ち」という新しい角度で楽しみ直すことができています。

月100万円を目指す人へのアドバイスをお願いします。

ちゃこぴさん　まずは自分がどういう人に囲まれているかを確認することですね。元気よくお金とか幸せを循環させている人たちに囲まれているのか、それとも「お金儲けはよくない」「目立ったことはしない方がいい」という人たちに囲まれているのか。

自分ができるだけ嫌われないように、縮こまらないように。今、自分がどういう人を大切にしようとしているのかを、改めて見直すことが大切だと思います。

300万円、その先を目指す人へは？

ちゃこぴさん　もうこれは迷わずモゲさんに会いに行ってください！私がまさにその状況だったんです。会社員でも月収100万円くらいの人なら、まだ周りにいるかもしれない。でも月300万となった瞬間、一気に自分の周りにはいなくなる。

私もそれで「300万稼ぐ人ってどんな人なんだろう」と思って、モゲさんのセミナーに参加したんです。参加理由を聞かれた時も「月300万の人を見てみたかった」って答えました。それが本当に人生を変えるきっかけになりました。

モゲさんのセミナーを受けてから、自分らしく生きることについての考え方も変わりましたか？

ちゃこぴさん　はい。モゲさんの周りの方々がすごく自分に正直に生きているのを見て、自分も自分の好きなものを素直に追求していいんだと気づきました。

例えば、「起業塾の人だからこうでなきゃ」「カウンセラーだから必ず寄り添わなきゃ」「お客さんに共感できなくても『そうですね、辛かったですよね』と言わなきゃ」みたいな、微妙なストレスから解放されました。

今は自分全開で行って、そこに共鳴するお客さんだけが来るスタイルです。背伸びした自分を好きになってもらうんじゃなくて、素の自分を好きと言ってくれるお客さんだけが集まる。それって、すごくラクなんです。

モゲさんから学んだ一番大きなことは何でしょうか?

ちゃこぴさん　人生は「ある方向に進んでダメだった」で終わりじゃないということです。私の場合、星読みというアプローチは間違っていたわけじゃなくて、それを幸せなお金持ちという新しい視点で再構築できた。そうしたら、また違う形で花開いたんです。

これが普通の起業塾だったら、「そのやり方はダメだから、全部変えなさい」って言われたかもしれない。でも、モゲさんは「あり方」や「考え方」を教えてくれる。だから、過去の経験も無駄にならず、新しい角度でチャレンジし直すことができました。

これは単なるビジネスの成功だけじゃなくて、人生の生き方そのものに関わる大切な学びでした。自分の好きなことを諦めなくていい。ただ、それを幸せとお金の角度で見直してみる。そうすると、思いもよらない形で道が開けるんです。

だから今では、起業に迷ったり、違う選択を始めてみたりする方に対しても、「それは決して無駄な経験にはならない」とお伝えできます。人生の選択って、正解・不正解じゃなくて、どう活かすかなんだって、モゲさんから学びました。

最後に、これからモゲさんのセミナーを受ける人へメッセージをお願いします。

ちゃこぴさん　「絶対騙されないぞ」みたいな構えで行くと、心が閉じてしまいます。「もしかしたらこういう世界があって、私も行けるかもしれない」くらいの素直な気持ちで扉を開けてみてください。
私自身、始めは「こんな世界、自分には関係ない」と思っていました。でも、1%でもいいから可能性を信じて扉を開けてみたら、想像以上の未来が待っていたんです。それは、お金だけじゃなく、人生の豊かさそのものでした。その一歩を踏み出す勇気を持ってほしいと思います。

こちらの
インタビュー動画は、
LINEで公開して
おります!

https://eresa-publishing.co.jp/lngy

第6章 成幸（成功）の魔法

隣の女性起業家はこうして稼いでいる

この章のゴール　この章では、本書で学んだ全ての要素を**「幸せ」という観点から統合**し、**あなたらしい億女への道**を見つけていきます。

- **「成功」と「成幸」の本質的な違いを理解する**
- **収入ステージごとの成長戦略を把握する**
- **マインドからビジネスモデルまでを統合的に活用する方法を学ぶ**
- **コミュニティと仲間作りで億女への道を加速する方法を得る**

あなたは、周りの女性起業家を見て**「なんであの人はあんなにうまくいってるんだろう?」**って思ったことありませんか?

僕のセミナーに参加するクライアントさんたちも、最初はみんなそう感じていました。

でも、実は**「成功」と「成幸」には、大きな違いがあるんです。**

「成功」を目指す人は、数字や結果にこだわりすぎて、どんどん苦しくなっていく。

一方、**「成幸」**を目指す人は、**お金も幸せも両方手に入れていくんです。**

なぜ、こんな違いが生まれるのか?

それは、**「サクセス(成功)」と「ハッピー(幸せ)」の掛け算**が**「成幸」**だからなんです。

この章では、**隣の女性起業家がなぜうまくいっているのか、その秘密**をお話ししていきます。

実は、**成幸への道筋ははっきりしているん**です。

そして、**あなたにも、そのチャンスは平等に用意されています。**

ただし、気をつけてほしいのは、**「幸せ」と「成功」は全く別物だ**ということ。

・**「幸せ」**は感じるもの。

・「成功」は、行動することで得られるもの。

さあ、**あなたも「成幸（成功）」への扉を開いてみませんか？**

「100万円の壁」を軽やかに超える秘密

「100万円の壁」を軽やかに超える秘密

あなたは**「資格を取ってから稼ごう」**と考えていませんか？

それとも、**「もっと勉強してから行動しよう」**と思っていませんか？

実はこれ、**お金持ちになれない人の典型的な思考パターン**なんです。

医師のように資格が必須の職業は別として、ほとんどの場合、**資格より行動が重要**です。

「でも、モゲさん。やっぱり資格があった方が安心じゃないですか？」

そう思うかもしれません。

実は僕も昔は**中小企業診断士の資格取得を目指していました。**

でも結局合格せず、資格なしでコンサルタントを始めました。

その結果、資格を持つ多くの人より成功できたんです。

「資格は足の裏についた米粒。取っても食えないけど、取らないと気になる」ってよく言いますよね（笑）。

そう、資格は**「あったら便利」**かもしれませんが、**「なくても稼げる」**んです。

むしろ、資格取得に時間を使うより、**その時間を実践に使った方が、はるかに収入は増えます。**

じゃあ、具体的にどう行動すればいいのか？

ここで、僕がよく使う例え話をしましょう。

天使が降りてきて、こう言ったとします。

「10個の扉があります。このうち1個が成功に繋がっています。」

普通の人はどうするか？

「どの扉を選べばいいんだろう？」と座り込んで悩みます。

１週間、１ヶ月、時には１年以上も考え込んでしまう人もいます。

でも、成功する人は違います。

「開ければいいだけじゃん！」

そう言って、とにかく**全部の扉をどんどん開けていく**んです。

「どの扉が正解だろう？」なんて考える必要はありません。

だって、ドアノブに電気が流れているわけでもないのに（笑）。

お笑いのネタみたいに、失敗したら「ビリビリ！」ってなるわけでもないんです。

実は、行動することで見えてくるものって、たくさんあるんです。

例えば、最初は間違った扉を開けたとしても、その経験が次の成功につながります。

「この扉はダメだった。じゃあ次はこっちを試してみよう」という具合に、どんどん成功に近づいていけるんです。

完璧主義から抜け出すコツ

ここで面白い発見があります。

学歴が高い人ほど完璧主義の傾向があって、1度の失敗で動けなくなりがちです。

いわゆる「頭のいい人」に完璧主義の人が多いんです。

でも実は、こういう人ほど**メンタルが弱い**んです。

なぜかというと、失敗の経験が少ないからです。

いつも「正解」を出すことに慣れているので、失敗を恐れすぎてしまうんです。

逆に、失敗を繰り返しても立ち直れる人、僕のように何度も振られた経験がある人の方が、成功への耐性が強いんです。

「あ、また失敗しちゃった。でも大丈夫、次があるさ」

そんな風に考えられる人の方が、むしろ成功しやすいんです。

お金持ち起業家の意外な共通点

実は、成功する人にはこういう方が多いです。

1　幼少期に貧乏だった
2　モテなかった

ちなみに、僕はその両方に当てはまります（笑）。

これって、一見するとマイナスに思えますよね。

でも、この2つの経験があると、メンタルも強くなるし、**「もっと上を目指したい」とい う強い意志**が生まれるんです。

また、幼少期の貧乏経験は、**「お金の大切さ」を身をもって知る**ことができます。

また、モテなかった経験は、**「人の気持ちを理解する力」**を育ててくれます。

プライドの話も重要です

プライドには2種類あります。**「見栄」と「誇り」**です。

「見栄」は他人の目を気にして、自分を実際以上に見せようとすることです。

これは捨てましょう。なぜなら、見栄を張ることにエネルギーを使うと、本当に大切なことに集中できなくなるからです。

でも**「誇り」**、つまり「ここだけは譲れない」という軸は大切にしてください。

例えば、「お客様の利益を最優先する」とか、「嘘はつかない」とか。

これは、ビジネスの根幹を支える重要な価値観になります。

実は、この**「誇り」**があるからこそ、長期的な信頼関係が築けるんです。

そして、その信頼関係が、安定した収入の基盤になっていくんです。

この章では、あなたが**「100万円の壁」を楽しみながら超えていく方法**をお伝えします。


そう、**楽しみながら**です。

なぜなら、苦しんで稼ぐより、楽しんで稼ぐ方が、ずっと結果が出やすいからです。

お金って、追いかければ追いかけるほど逃げていくものなんです。

でも、楽しみながら 仕事をしていると、お金の方からついてくるんです。

これって、恋愛と似ていませんか？

必死に相手を追いかけると逃げられちゃうけど、自分の魅力を高めていると、相手の方から寄ってくる。

お金も同じなんです。

だから、まずは「資格取得」という呪縛から解放されましょう。

そして、完璧を目指すのではなく、まずは行動することから始めましょう。

失敗を恐れる必要はありません。

むしろ、**失敗こそが最高の教科書**になるんです。

るるるる五段活用で収入を最大化！

「知っている」「やれている」「稼げている」「教えられる」「自立させられる」

これを「るるるる五段活用」とモゲは勝手に言ってて、**ほとんどの人が最初の２段階で止まってしまう**んです。

「知っている」って、セミナーに参加したり、本を読んだりすることです。

でも、「知っている」だけじゃ**何も変わりません。**

次に**「やれている」。**

これも大切な段階ですが、ここでつまずく人が多いんです。

「やってはみたけど、うまくいかない」って感じで。

本当の変化は「稼げている」から始まります。

例えば、月に30万円の商品を3件売る。

これで**月収100万円**になりますよね。

でも、これを続けるには**「教えられる」**レベルまで到達する必要があります。

なぜかというと、お客様は結果が出始めると、必ず

「どうやってそんなに稼げるようになったんですか？」って聞いてくるからです。

そこで重要になるのが**「教えられる」**スキル。

でも、ここでも多くの人が間違いを犯します。

「完璧に教えなきゃ」と思いすぎて、かえって相手に伝わらなくなってしまうんです。

実は、**80点の内容を3回繰り返す方が、100点を目指して1回だけ教えるよりずっ**

と効果的なんです。

そして最後の段階が**「自立させられる」。**

ここまで来ると、**年収２０００万円〜億超えは現実的な目標**になります。

でも注意してください。このレベルになると、**もう一人では稼げません。**

「え？　一人では稼げないって、どういうこと？」

月収１０００万を超える人は必ずチームを作ったり、コミュニティを構築したり、システムを活用したりしています。

だからこそ、**「自立させられる」**スキルが重要なんです。

周りの人も成長させながら、一緒に稼いでいく。

そうすることで、あなたの収入も安定し、さらに成長していくんです。

ここで大切なのが**「外注」**の活用です。

僕も必要な時に必要なスキルを持った人に仕事を依頼しています。

そうすることで、**固定費を抑えながら、効率的に事業を展開**できるんです。

「クラウドワークス」のようなオンラインで仕事を依頼・受注できるプラットフォーム

を活用するのも一つの方法です。

この5段階、**順番を飛ばそうとする人もいます。**

でも、それは危険です。

例えば、**「知っている」**から一気に**「教えられる」**に行こうとする。

でも、実践経験のない教えは、どうしても空虚なものになってしまいます。

大切なのは、一つひとつの段階をしっかりと踏んでいくこと。

そうすれば、**2000万円や1億という金額も、決して夢物語ではなくなります。**

実際に、僕のクライアントさんで月収1000万円を超えてる人たちの多くは、僕のセッションやセミナーの音声を日常的に聴いて、この5段階を実践しています。

つまり、**これは再現性のある方法**なんです。

月収1000万円を実現する仕組みの作り方

月収１００万円は**一人でも達成できます。**

でも、**１０００万円となると話が変わってきます。**

僕は月１０００万円以上稼いでいる人で、**完全に一人で稼いでいる人を見たことがありません。**

そう、**ある一定の金額を超えると、もう一人では限界がある**んです。

じゃあ、どうすればいいのか？

３つの重要なポイントがあります。

１　システム化

あなたの知識やノウハウを、**誰でも再現できるシステムに落とし込むこと**です。

例えば、僕の場合は**「Ｌステップ」**を活用して、**自動販売の仕組み**を構築しています。

セミナーやライブの内容を音声化して販売したり、それを資産として活用したりもします。

これによって、僕は**旅行していても、寝ている間も収入が入ってくる仕組み**ができるんです。

2　ストック資産の活用

ブログやこれまで蓄積してきたコンテンツを活用して書籍を作成したり、SNSで発信したり**一度作ったものを何度も活用する。**これが重要です。

3　コミュニティの力

ここが**特に重要**です。

オンラインサロンなどの**コミュニティを作る**ことで、

メンバー同士が助け合い、情報共有できる場が生まれます。

そして、そのコミュニティ自体が**新たな価値を生み出していく**んです。

「でも、コミュニティって難しくないですか？」

確かに、最初は大変です。

でも、**あなたが価値提供を続けていけば、必ず仲間は集まってきます。**

重要なのは、メンバーの成長を本気で応援すること。

実は、僕は昔**「養成コース」**を作ろうと思ったことがあります。

でも、やめました。なぜか？

それは、僕に教わることで、**僕のブランドを使うまでもなくメンバーが成功して独立していく**からです。

普通のビジネスなら、これってマイナスですよね。

でも、僕はそれでいいと思っています。

むしろ、**「どんどん独立していいよ」と背中を押します。**

なぜなら、そうやって巣立っていったメンバーが、また**新たなネットワークを作っていく**からです。

結果として、より大きな価値が生まれる。

これこそが、**1000万円を超えるための本質**なんです。

月収1000万円という金額は、決して夢物語ではありません。

でも、**一人で頑張ろうとすると、逆に遠回りになってしまう。**

仕組みを作り、資産を活用し、コミュニティを育てる。
この3つを意識しながら、**楽しく収入を伸ばしていきましょう！**

億女（おくじょ）になる3つの黄金ルール

「成功者になるためのポイントって、意外と単純なんです」

僕がこれまで見てきた月収1000万円以上の人たちには、**3つの明確な特徴**があります。

1　セッション・コーチングによる引き上げ

これは**特に重要**です。

成功者のほとんどが、誰かに**引き上げてもらった経験**を持っています。

面白いことに、引き上げてくれる人を見つけるタイミングは、だいたい月収100万円前後なんです。

なぜかというと、この金額帯で「次のステージに行くには何が必要か」がようやく見えてくるからです。

2　徹底的な学習と行動

「1億円」と書かれた本を手当たり次第に読む。そして意外なことに気付くんです。

「この程度の人でも1億円稼げるんだ」って。

これって、マイナスに聞こえるかもしれません。

でも、実は大きなプラスなんです。

これぐらいのことなら**「自分にもできる」という自信**につながるからです。

3　習慣化による意識改革

これが**一番のポイント**です。

先程も述べましたが、面白いことに、僕のクライアントさんで月収1000万円を超えた人たちの多くが、僕のセミナーや音声コンテンツを日常的に聞いているんです。

車の中で、家事をしながら、ジムで運動しながら。

「そんなことして意味あるの？」って思うかもしれません。

でも、これには**科学的な根拠**があるんです。

人間の脳は、繰り返し同じ情報に触れることで、それを**「当たり前」**として受け入れるようになります。

例えば、「月収1000万円」という言葉。

最初は途方もない金額に聞こえますよね。

でも、毎日のように「月収1000万円を達成した人の話」を聞いていると、だんだんと**「普通の金額」**に感じられてくるんです。

そして、**最も重要なのは、これらの特徴が「順番」を持っている**ということ。

まず、**引き上げてくれる人を見つける。**

その人から学びながら、**徹底的に行動する。**

そして、その行動を**習慣化していく。**

この順番を間違えると、なかなか成果が出にくいんです。

例えば、最初から習慣化だけを意識しても、**正しい行動が分からない**から効果は限定的です。

逆に、引き上げてくれる人がいても、**行動や習慣化がなければ**、せっかくのチャンスを活かしきれません。

「でも、そんな引き上げてくれる人、どうやって見つければいいんですか？」

実は、その人を見つけるのに、**特別な方法は必要ありません。**

むしろ大切なのは、**「この人に教わりたい」と思った時の行動力**です。

セミナーに参加する、個別セッションを申し込む、とにかく近くに行って学ぶ。

もちろん、僕でなくてもいいです。

あなたが**「あの人みたいになりたい！」**と思う人に学んでみてください。

そうやって行動している人の周りには、必ず**次のステージに導いてくれる人**が現れるんです。

さあ、あなたも今日から、この３つの特徴を意識して行動してみませんか？

思い出してください。

成功者は特別な存在ではありません。ただ、正しい順番で、正しいことを続けてきただけなんです。

お金との新しい付き合い方

お金持ちになって初めて分かることがあります。

「お金があれば悩みの9割は消える」

これは、**借金3000万円から幸せなお金持ちと呼ばれるまでになった僕の実感**です。

でも不思議なことに、**「お金のいらない世界を作りたい」という人がいます。**

そして、そういう考えを持つ人ほどお金がないんです。

実は、**「お金のいらない世界」を体験するには、お金持ちになる必要があるん**です。

これって矛盾しているように聞こえますよね。

でも、本当なんです。

お金があることで、**値札を気にせず生活できる。**

それこそが「お金のいらない世界」なんです。

お金があると**心から自由になれます。**

そして、ここで重要な発見があります。

収入が増えていくと、ライバルがいなくなっていくんです。

世の中でよく言われてる数字をお見せしましょう。

・年収１０００万円以上…全体の約４％
・年収２０００万円以上…約０・４％
・年収３０００万円以上…約０・３％
・年収１億円以上…約０・２％未満

つまり、**年収１０００万円を超えた時点で、もうライバルはほとんどいなくなります。**

「でも、それって寂しくないんですか？」

実は逆なんです。

収入が増えるほど、**周りに優しくなれます。**

なぜなら、もう競争する必要がないからです。

例えば、年収100万円の環境にいる時は、周りが全てライバルに見えます。

でも、300万円を稼げるようになると、**100万円の人たちはもはやライバルではなくなります。**

そして、**1000万円を超えると、本気で社会貢献を考えるようになります。**

これは単なる「余裕」からじゃありません。

お金持ちになって初めて気づくんです。

「自分の幸せは、周りの人の幸せと繋がっている」ということに。

渋沢栄一さんも言っています。

「お金に困っている人は、常に自分の都合だけを考えている」と。

これ、本当です。

お金に困ると、どうしても視野が狭くなります。

でも、お金に余裕ができると、周りが見えるようになる。

そして、もっと面白いことが起きます。

周りの幸せを考えられるようになると、さらにお金が集まってくるんです。

まるで、お金が**「この人なら正しく使ってくれる」**と判断しているかのように。

だから、**「お金は悪」**とか**「お金は汚い」**なんて考えは捨ててください。

お金は、あなたと周りの人を幸せにするための道具なんです。

そして、その道具の使い方を知っている人のところに、**お金は自然と集まってくる。**

さあ、**あなたもお金との新しい関係を築いていきませんか？**

あなたが幸せになることで、周りの人も幸せになれる。

そんな素敵な循環を作っていきましょう。

あなたの成幸（成功）を加速させる具体的メソッド

メンターの選び方は、結婚相手を選ぶのと同じくらい重要です。

なぜそんなに重要なのか？

それは、**あなたの「教わる人」によって、考え方が大きく変わる**からです。

そして、その考え方の違いが、**結果の差になって表れてくる。**

具体的な選び方のポイントをお伝えしましょう。

まず、**その人の背中を見てください。**

その人のクライアントさんは**幸せそうですか？ 苦しそうですか？**

月収100万円以上稼いでいても苦しそうな人に学ぶと、あなたも同じように苦しむことになります。

逆に、**楽しそうな人に学べば、あなたも楽しく稼げるようになります。**

次に、**チーム構築とアウトソーシングのタイミング。**

これは、意外と**早めがいい**んです。

「まだ収入が安定していないから…」なんて考えていると、
いつまでたっても**一人で頑張ることになります。**

特に大切なのが、価格設定の考え方です。

自分の好きな価格をつけて売れるならいいですが、ほとんどの人は売れません。

その場合、**嫌われるだけです（笑）。**

僕の場合、**セミナーやセッションが満席になり続けたら値上げをしていました。**

満席が続くということは、その価格が**安すぎるという証拠**だからです。

でも、ここで重要なのが**「値上げのタイミング」。**

例えば、セミナーを開催して**3回連続で満席になったら値上げする。**

そうすることで、お客様にも**「価値に見合った適正価格」**を提供できます。

そして、これが面白いところなんですが、**値上げすることで、むしろお客様の満足度が上がる**ことがあるんです。

なぜか？

それは、**高い価格を払った分、お客様も本気で取り組むようになるから。**

そして、本気で取り組んだ分、**成果も出やすくなる。**

この良い循環を作ることが、**ビジネスを成長させる鍵**になります。

最後に、これは**特に重要なこと**ですが、

「誰の評価を気にするか」を意識してください。

例えば、セミナーの価格を上げた時、必ず批判する人が出てきます。

でも、**その批判を気にしすぎると、成長が止まってしまいます。**

大切なのは、**実際にあなたのサービスを利用してくれている人の声**です。

その人たちが**「価値がある」**と言ってくれるなら、それ以外の意見は気にする必要はありません。

これって、恋愛と似ていませんか？

大切な人が「あなたでよかった」と言ってくれるなら、それ以外の人の評価は気にする必要がない。

ビジネスも同じなんです。

さあ、あなたも今日から、この考え方を実践してみませんか？

きっと、**ビジネスがもっと楽しくなるはずです。**

そして、楽しくなれば、成果も自然についてくる。

それが、本当の**「成幸（成功）」**なんです。

収入ステージ別・億女への成長マップ

起業～100万円の段階

マインド面

- 行動重視・完璧主義からの脱却
- 「資格信仰」からの解放
- 小さな成功体験の蓄積

ビジネス面

- 個人での価値提供に集中
- 少額商品で実績作り
- フィードバックの収集と改善

必要なアクション

- セミナー参加での学び
- SNSでの情報発信開始
- 最初の商品作成と販売

100万円～300万円の段階

マインド面

- お金に対する恐れの解消
- 価格設定の適正化
- クライアント選択の開始

ビジネス面

- サービスの体系化
- リピーター獲得の仕組み作り
- 初期のチーム構築

必要なアクション

- 価格の段階的な引き上げ
- アウトソーシング開始
- コミュニティ作りの準備

300万円～1000万円の段階

マインド面

- リーダーシップの開発
- コミュニティ運営者としての自覚
- 社会貢献意識の芽生え

ビジネス面

- システム化の推進
- ストック型収入の確立
- チーム体制の確立

必要なアクション

- オンラインサロンの立ち上げ
- コンテンツの資産化
- メンバー育成の開始

1000万円～1億円の段階

マインド面

- 億女としての責任感
- メンターとしての自覚
- 社会変革への意識

ビジネス面

- 複数の収益の柱確立
- コミュニティの拡大
- ブランディングの確立

必要なアクション

- 新規事業の立ち上げ
- 書籍出版・メディア露出
- 次世代リーダーの育成

第7章

幸せの魔法

欲しがる自分を好きになる生き方

この章のゴール　この章では、本書で学んだ全ての要素を**「幸せ」という観点から統合**し、**あなたらしい億女への道**を見つけていきます。

- 本書で学んだ**7つの要素を自分の言葉で再定義する**
- **「欲しがる自分」を好きになるための具体的な方法を**習得する
- **明日からできる実践的なルーティン**を手に入れる
- **幸せと成功を両立させる生き方を**確立する

幸せって、何だと思いますか？

「お金」？「愛」？　それとも「自由」？

実を言うと、これ、全部が正解なんです。

でも、多くの人は「これか、あれか」って選んでしまう。

・「お金を選ぶか、愛を選ぶか」

・「仕事を取るか、家庭を取るか」

そんな風に、自分で自分の可能性を狭めちゃってるんです。

でもね、本当は「全部手に入れられる」んです。

どうやって？

それには、まず「欲しがる自分」を好きになることから始まります。

「でも、欲張りすぎじゃ…」

ああ、その考え方。よく聞きます。

でも、それこそが一番の落とし穴なんです。

実は、人生の選択って2つしかないんです。

・「欲しいものを手に入れるか」
・「言い訳を手に入れるか」

億女たちは、迷わず「欲しいもの」を選びます。

そして不思議なことに、欲しがれば欲しがるほど、道が開けていくんです。

この章では、その秘密をお話ししていきましょう。

自分を肯定する：お金も愛も手に入れる「欲しがり上手」になる秘訣

「モゲさん、稼ぎたいんですけど…家族に申し訳なくて」

「欲張りすぎかな…って思っちゃうんです」

よく聞く悩みです。

でもね、「幸」という字を見てください。

なんと「¥」が3分の2も入ってるんです（笑）。

つまり、人生の3分の2はお金に関係してる。

これ、偶然じゃないんです。

「愛は地球を救う」なんて言いますけど、実際に集めてるのはお金ですよね（笑）。

だから、「お金か愛か」なんて選ぶ必要ないんです。

ただし、気をつけないといけないことがあります。

周りの喜びばかりを考えすぎると、自分の幸せがわからなくなっちゃう。

そして、そのまま周りの喜ぶことばかりしていくと、
周りから勝手に神輿に乗せられ、自分の喜びの基盤がどんどん薄くなっていく。

しかも、周りが担いでくれる「神輿」って、いつか急にいなくなることもある。

だからこそ、何があってもいいように、自分を支える基盤をしっかり育てることが大切なんです。

欲しがり上手になるための3ステップ

1　今の自分を認める

・できてないことより、できてることに目を向ける
・小さな進歩も「よくやった！」って褒める

2　理想の自分をイメージする

・具体的な金額
・具体的な生活
・具体的な時間の使い方

3　行動を変える

・自己投資を惜しまない
・理想の人と会う機会を作る
・お金の使い方を見直す

これ、順番が大事です。
まず自分を認める。
そこから理想をイメージ。
最後に行動を変える。
この順番を守れば、必ず変われます。

人生は自分でデザインするもの。
誰かの描いた枠の中で生きる必要はないんです。
だから、今日から始めましょう。
「欲しい」を大切にする生き方を。

幸せ上手な億女たちの「欲しがる力」の活用法

億女たちって、面白いんですよ。

「私、美味しいもの食べに行きたいな」って思ったら、すぐにホテルでアフタヌーンティーを予約しちゃう。

「可愛い服が着たいな」って思ったら、その日のうちにお気に入りのブティックへ。

「え？　そんな気軽に？」

そう。彼女たちは**「自分を喜ばせる」**のが上手なんです。

でもね、これって**「お金があるからできる」んじゃないんです。**

むしろ、「自分を喜ばせる習慣」があるから、お金が集まってくるんです。

例えば、あるクライアントさんの話。

彼女、最初は月収30万円で、借金も500万円あったんです。

でも、**「毎日自分にご褒美をあげる」**って決めたんです。

「でも、お金ないのに…」って思いました？

いやいや、ご褒美は**必ずしもお金がかかるものじゃないん**です。

例えば、僕のクライアントさんたちはこんな風に自分を喜ばせています。

・図書館で大好きな作家の小説を読みふける
・Netflixでお気に入りのアニメを一気見
・ベランダで植物を育てて、新芽が出るたびにワクワクする
・お気に入りの音楽を聴く
・10分だけ高級ホテルのロビーでお茶を飲む
・きれいな夕日を見る。

…こんな**「小さな幸せ」**から始めたんです。

そしたら面白いことが起きました。

「自分を大切にする」クセがついてきたんです。

仕事でも「これくらいでいいか」じゃなく**「もっと価値あるものを提供したい」**って思うようになった。

結果、今じゃ月収1000万円超え。借金も完済。

「愛とお金」の両方を手に入れちゃいました。

実はこれ、僕の**「ワライフ」**の秘密でもあるんです。

僕は毎日17：30になると、妻と一緒にワインセラーからワインを選んで、その日のおつまみに合わせて楽しむ。そして、今日一日の出来事を話して盛り上がる。

これが日課で夫婦の最高の喜びなんです。

「え？　毎日お酒？」

はい。これ、すっごく大事なんです。

なぜって、**「楽しみ」がエネルギーになる**から。

お金を稼ぐのって、実は**エネルギーが必要**なんです。

だから、エネルギーを補給する習慣は絶対必要。

億女たちが実践している「自分を喜ばせる習慣」を、具体的にお伝えしましょう。

1　毎日、小さな贅沢を見つける

2　「したい」を後回しにしない

3　自分の価値を下げない

4　「できない理由」より「やれる方法」を探す

結局ね、人生は**欲しいものを手に入れるか、言い訳を手に入れるか、どっちか**なんです。

億女たちは、「欲しいもの」を選んでるだけ。

そして、それを**「エネルギー」**に変えてるんです。

疲れた心を癒す「4つの労い」の魔法

「女性起業家は戦国時代です！」

そんな風に張り切る人を見かけると、僕は思うんです。

「いや、僕は千利休でいいや。疲れた時はお茶でも飲みに来てよ」って（笑）。

だって、戦いばかりじゃ疲れちゃいますよね。

最近こんな風に思うことはありませんか？

- **「セミナーの集客、全然うまくいかない…」**
- **「SNSの発信、反応がイマイチ…」**
- **「このまま起業やめた方がいいのかな…」**

実際には、これって**「自分を責めすぎている」**だけなんです。

僕が億女たちに教えている**「4つの労い」**をご紹介します。

1　思考的労い

「セミナーやろうと思っただけですごい！」

普通の人は何も考えずに終わっちゃう。でも、あなたは**「やりたい！」**って思えた。それだけですごいんです。

2　行動的労い

「実際に行動を起こした自分、えらい！」

例えば、セミナーの告知を出した。

たった1人しか来なかったとしても、その一歩を踏み出した自分を褒めてあげましょう。

3　成長的労い

「今までこんなことできなかった私が、ここまで来た！」

コレを実践すると「自分責め」がなくなるので、ぜひ覚えてくださいね！

去年の自分と比べてみて。きっと、できることが増えてるはず。

その成長を認めてあげましょう。

4　結果的労い

「結果が出なくても、その経験から学べた！」

たとえ、集客がうまくいかなかった、失敗したとしても、次につながる大切な学び。

その結果を見れた、を受け止められた自分を労ってあげてください。

実際の例を見てみましょう。

あるクライアントさんは、ＳＮＳのアカウントが凍結されて１０００人以上のリストを失いました。

被害総額ウン百万円。でも、彼女は**「これも経験」**って受け止めたんです。

その結果、今では幸せなお金持ちになってます。

なぜって、**「自分を責める」のをやめたから。**

そうすると不思議と、新しいアイディアが湧いてくるんです。

エネルギーも戻ってくる。

大事なのは、**「自分を労う」習慣を毎日続けること。**
・小さな成功でも**「よくやった！」**って自分を褒める。
・うまくいかなくても「次は違うやり方で試してみよう」って励ます。
すると、スランプが来ても**「また這い上がればいい」**って思えるようになります。

実際、**「成功者」と「普通の人」の違いは、まさにここなんです。**

成功者は**「落ち込む回数」は変わらない。でも「立ち直る速さ」が違うんです。**

それは、この**「4つの労い」**を知ってるから。

自分を責めるんじゃなく、労う方法を知ってるから。

だから、今日からあなたも始めてみませんか？

すごくいいことありますよ。

楽しい成功を手に入れる：苦しまない幸せの法則

あなたに面白い質問をしてみましょう。

「あなたに100億円あったら、今の仕事続けますか？」

ほとんどの人は**「いや、辞めます！」**って答えるんです。

でもね、**億女たちは違うんです。**

「もちろん続けます！　だって楽しいから！」

これ、すごく重要な違いなんです。

「苦しい成功」と「楽しい成功」。

結果は同じでも、プロセスが全然違う。

なぜか分かります？

それは、習慣の魔法でもお話ししましたが、人間って**「習慣化できるもの」**か**「楽しいこと」しか続かない**からなんです。

だから、起業も一緒。

苦しんでやるより、楽しんでやった方が結果が出る。

実際、僕のクライアントさんたちを見てても、月１００万円以上稼げたら

「楽しそうにやってる人」の方が成功が早いんです。

じゃあ、具体的にどうすれば「楽しい成功」に変えられるか？

1　まず自分が「やりたいこと」を書き出して始める

例：ホテルの朝食が好き↓朝食会を開催してビジネスに

2　「しなきゃ」を「したい」に変える

ブログ更新も、ＳＮＳ投稿も、全部**「したい」**からやる。

「したくなる」ような方法を考える。

例えば、多くのクライアントさんが最初は**「集客が嫌い」**って言うんです。

SNSでお知らせを出すのも苦手だって。

でも、ちょっと考え方を変えてみましょう。

「お知らせを一つするだけで○万円稼げる可能性があるのに、やらないってもったいなくない？」

「サラリーマン時代なら、○万円稼ぐのに何時間も働かないといけなかったよね。それに比べたら、集客ってすごくコスパがいいと思わない？」

こう考えると、**「確かに！」**って。

ほとんどの人が楽しく集客できるようになるんです。

これが**「しなきゃ」**を**「したい」**に変える**魔法**なんです。

3 毎日の小さな楽しみを見つける

先述しましたが、例えば、僕の場合は**17：30からの妻とのワインタイム。**

実は僕、セミリタイアしていて、妻は専業主婦なんです。

もともとは17：30頃から家族全員で夕食を食べていたんですけど、今は子どもたち二人とも習い事があって、帰りが20時過ぎになるんです。

だから今は、この時間を夫婦だけの晩酌タイムにしています。

子どもたちがいない時間だからこそ、
お互いの気づきとか、子どもたちが大人になった後の二人の生活の楽しみ方とか、そういう夫婦だけの話ができるんです。

実は、これがすごくいい効果を生んでいるんです。

二人のパートナーシップがどんどん深まっていって。

大切なのは、「楽しい」は待ってても来ないってこと。

自分で「楽しむ選択」をする必要があるんです。

そうすると、不思議と周りも変わってくる。

お客様も増える。

仲間も集まる。

だって、**楽しそうな人の周りには、自然と人が集まってくるでしょう？**

ビジネスも同じなんです。

簡単だけど驚くほど効果的な「幸せの習慣」

実は、億女たちの「幸せな習慣」って、意外とシンプルなんです。

小学生でもできるくらい簡単。

でも、継続すると驚くほど人生が変わる。

本当の財産って何だと思いますか？

お金？　地位？　名誉？

実はね、本当の財産って**「お金がなくなっても残るもの」**なんです。

・家族との絆
・健康な体
・学びの習慣
・そして…感謝する心

ここで、僕が実践している「幸せの逆転術」をお話ししましょう。

僕は、幸せと不幸はコインの裏表だと思っているんです。

だから、不幸な出来事が起きたと感じたときは、その出来事から**３つ以上の幸せ**を探すようにしています。

例えば、コロナでセミナーが中止になったとき。

一見、大きな損失に見えました。でも、こんな幸せが見つかったんです。

・オンラインセミナーという新しい可能性に気づけた

・より多くの人にリーチできるようになった

・家族と過ごす時間が増えた

こうやって見方を変えると、全てのことに**感謝**できるようになるんです。

実は、僕が最初に作った個人事業の名前も「オフィス感謝」なんです。

でも、これには深い理由があるんです。

起業前から気づいていたことがありました。

人って、成功すればするほど感謝の気持ちを忘れやすくなる。

そういう弱い生き物なんです。

だから、忘れないように。そんな思いを込めて**「オフィス感謝」**と名付けたんです。

それと、面白い発見があります。

一瞬成功する人と、成功が持続する人には、決定的な違いがあるんです。

一瞬、成功する人って、よく**「私はすごく苦労した」**って言うんです。

でも、成功が持続する人は違います。

「苦労した」のではなく、「苦労をかけた」って言うんです。

「僕は好きなことをやらせてもらっただけだから苦労なんてしてない。でも、そんな僕についてきてくれた人には苦労をかけた」って。

ここに、大きな違いがあるんです。

ひとりでやったと思うと**「自慢」が生まれますが、**

みんなのおかげでやれたと思うと「感謝」ができるんです。

感謝する心があるからこそ、周りの人も応援してくれる。

そして、その応援があるからこそ、成功が持続するんです。

そして感謝を続けていると、面白いことが起きるんです。

・商談が上手くいく
・理想的なお客様が集まってくる
・想定以上の売上が立つ
・新しいアイディアが湧いてくる

そして何より、**成功するほど美しくなっていく。**

これ、不思議なんですけど本当なんです。

自分を大事にできるようになって、心に余裕ができてくると、見た目も心も自然と美しくなっていくんです。

実は、僕のところには美人のクライアントさんが多くて、**「モゲさんは顔で選んでるんじゃないの？」**って誤解されることもあるんです（笑）。

でも、違うんですよ。彼女たちは成功していく過程で、自然と内側からも外側からも輝きを増していったんです。

だって考えてみてください。

自分を大切にできる人って、必然的に見た目も大切にしますよね。
そして心に余裕があるから、表情も柔らかくなる。
まさに、会うだけで周りを幸せにできる人になっていくんです。
なぜって？
「幸せ」って、待ってても来ないんです。
自分で「幸せのスイッチ」を入れる必要がある。
そのスイッチが、この**「小さな習慣」**なんです。
特別なことなんて何もない。
でも、これを続けることで、人生は確実に変わっていくんです。

欲しがるほど広がる幸せの輪

面白いことに、億女たちには共通点があるんです。

自分の幸せを追求すればするほど、周りも幸せになっていく。

「え？　自分のことばかり考えて、周りは…」

いやいや、むしろその逆なんです。

実は、僕のオンラインサロンでもこの**「幸せの香水効果」**をよく目にします。

サロンには、月収7桁、8桁を稼ぐ億女たちがゴロゴロいるんですよ。

面白いのは、まだそこまで稼げていない人が入会すると、最初は**「自分だけがダメだ」**って思いがちなんです。

「私みたいな全然稼いでない人は居心地が悪いんだろうな」と思いながら恐る恐るも入会してみると、

稼いでる人は実はみんな優しいって気づき、居心地が良くなるんです。

そして、周りの億女たちの影響を受けているうちに、不思議な変化が起きるんです。

「月１００万以上稼ぐのが普通」という感覚が自然と身についていく。

そうすると、自分も実際にその金額を稼げるようになっていくんです。

これって、まさに**「幸せの香水効果」**ですよね。

周りの成功者たちの幸せな空気を吸っているうちに、自分も同じように成功できるようになる。

なぜって?

幸せって香水と同じで、近くにいる人にも降りかかるんです。

なので、**幸せな人は、自然と周りも幸せにできるんです。**

億女たちを見ていると、面白いことに気づきます。

彼女たちは**「与えなきゃ」って思ってないのに、無意識のうちに周りに与えてる。**

・仲間の相談に乗る

・困ってる人を助ける

・成功のコツを惜しみなくシェアする

これって、自分が満たされてるから自然とできることなんです。

逆に、自分が満たされてない人に、人を幸せにすることなんてできません。

だから、**まずは自分の幸せを大切にする。**

それが、実は一番の社会貢献になるんです。

「自分の幸せ」と「人の幸せ」は、天秤にかける必要なんてない。

むしろ、**自分が幸せになればなるほど、周りも幸せになれる。**

そんなビジネスができたから、彼女たちは幸せなお金持ちになれたんです。

欲しがる自分を好きになるためのメッセージ

最後にひとつ大事な話をさせてください。

あなたは、自分の「欲しい」を信じてますか？

ある億女が、こんなことを言ってました。

「モゲさん、私、以前は『これくらいでいいや』って、すぐ妥協してたんです。でも、『欲しい』を諦めないって決めたら、人生が変わりました」

そう。彼女は今では

・家族との時間も充実してる。
・自分の好きなことをやれてる。
・周りの人も幸せにできてる。

なぜここまで来れたのか？

「欲しい」を諦めなかったから。

自分の望みに正直だったから。

人は自分らしさを追求したら、間違いなく幸せになれます。

人生には、２つの選択肢があります。

・**「欲しいものを手に入れるか」**

・**「言い訳を手に入れるか」**

億女たちは、迷わず**「欲しいもの」**を選びます。

ヘンリー・フォードが言った言葉があります。

「あなたができると思えばできる。できないと思えばできない。どちらにしてもあなたが思ったことは正しい」

これ、本当なんです。

あなたも、「欲しい」を諦めないでください。

・今の状況は関係ない。

・今の収入も関係ない。

大切なのは、「欲しがる自分」を好きになること。

そうすれば、必ず道は開けます。

でも、それまでは**「欲しい」を追求し続けてください。**

それが、**あなたらしい最高の人生を作る近道なんです。**

おわりに
あなたの億女ストーリーが今、始まる

ここまで読んでくださって、本当にありがとうございます。

実は、この本を手に取り、ここまで読み進めてこられたこと自体が、すでに億女への第一歩を踏み出している証なんです。

まずは、その行動力に「おめでとう！」を贈らせてください。

そして、この本との出会いを単なる「読了」で終わらせてほしくないんです。

なぜなら、この本は「マニュアル」ではなく「物語の始まり」だから。

ぜひ、今日から3ヶ月後、そして半年後に、もう一度この本を開いてみてください。

きっと、最初に読んだ時とは全く違う気づきがあるはずです。

例えば…

・3ヶ月後：「あ、このマインドセット、今の私にぴったり！」
・半年後：「この時はピンとこなかったけど、今なら分かる」
・1年後：「私も、この本に書かれているような変化を体験している！」

そう、この本は「成長の記録」にもなるんです。

ぜひ、自分の行動力を褒めてみてください。

そして、この行動力を維持してみてください。

すべては**習慣**から始まります。

この本を読む習慣をつけるだけでも、お金持ちの考え方は必ず身についていきます。

だって、孫正義さんやビル・ゲイツの発想や行動を取り入れたら成功するのは当たり前ですよね？

成功者の脳を身につける――そのために、僕はこの本を書いたんです。

ある日、僕のクライアントさんから一通のメッセージが届きました。

「モゲさん、昨日娘が言ったんです。『ママ、輝いてる！』って」

彼女は3年前、月収30万円で〇〇〇万円の借金を抱え、毎晩のように涙を流していました。

でも今では、幸せな億女として自分らしく輝いています。

そう、お金持ちになることは、決して「お金」だけの話じゃないんです。

・あなたが輝けば、子どもたちの未来も変わる。

・あなたが幸せになれば、家族の笑顔も増える。

・あなたが成長すれば、周りの人も勇気をもらえる。

実は僕も、妻の「あなたは好きなことをやって。お金は私が稼ぐから」という言葉がなければ、ここまで来られませんでした。

その時の僕は、働きすぎでドクターストップがかかり、パソコンの画面すら見られない状態。

3000万円の借金を抱え、先が見えない闇の中にいました。

でも、妻のその一言が、僕の人生を変えたんです。

・「楽しく稼ぐ」という考え方。
・「幸せなお金持ち」という生き方。
・「ワライフ」という新しい働き方。

これらは全て、あの時の妻の言葉から生まれました。

だからこそ分かるんです。

・誰かの一言で人生は変わる。
・誰かの背中で勇気をもらえる。
・誰かの笑顔で希望が生まれる。

この本を書いたのは、そんなあなたの「誰か」になりたかったから。

思い出してください。

この本の中でお伝えした7つの魔法は、決して特別なものではありません。

むしろ、誰にでもできることばかり。ただ、それに気づいていないだけだったんです。

私たちは「喜びの時間」と「学びの時間」しか持っていません。

成功したら喜べばいい。失敗したら学べばいい。それだけなんです。

「今はタイミングじゃない」って言う人がいますが、
僕は今まで一度も「その人のベストなタイミング」を見たことがありません。
すべては習慣から始まります。
この本を読む習慣をつけるだけでも、お金持ちの考え方は必ず身についていきます。
「私に億女になれる可能性はありますか？」とよく聞かれます。
正直、僕にもそれは分かりません。
でも、ある有名な漫画のバスケの監督が言っていました。
「諦めたら、そこで試合終了ですよ」って。
「欲しい！」を諦めないで。
「幸せ」を手放さないで。
「自分」を大切にして。
大切なのは、「DU（どうせうまくいく）」という気持ちと、
「TY（とりあえずやってみる）」という行動力。
そして何より、自分の「欲しい！」を大切にすること。

幸せって、待っていても来ないんです。

自分で「幸せのスイッチ」を入れる必要がある。
・妻の言葉で僕の人生が変わった僕のように。
・娘の一言で確信を得たクライアントさんのように。
あなたの物語も、きっと誰かの希望になる。

だからこそ、この本を「道しるべ」として、時々振り返ってみてください。
・あなたがどこまで来たのか。
・どれだけ成長したのか。
・どんな新しい気づきがあったのか。
そして、その物語をぜひ僕にも教えてください。

SNSでハッシュタグ ＃億女の物語 をつけて発信してくれたら、必ず目を通させていただきます。

それでは、またどこかでお会いしましょう。

億女としてのあなたと。そして、その素敵な物語と。

最後になりましたが、この本で得られる著者の収益はすべて、起業家支援、被災地支援等に使わせていただきます。

いつもありがとうございます。感謝！

あなたがますます〈成幸〉しますように……

2025年2月吉日

森瀬繁智（モゲ）

本書を手にしていただいたあなたへの、
特別なプレゼント！

「金持ち起業女子、貧乏起業女子」を
お読みくださったあなたへ、
ビジネスで成功をつかむための
豪華5大LINE特典をご用意しました。

特典1 億女診断

あなたに秘められた“大きな成功を生み出す力”をチェックできる特別な自己診断ツール。これが、あなたを“億女”への道へと導く第一歩になります。

特典2 モゲ AI（お試し版）

モゲ氏自身の考え方を詰め込んだ特別な AI ツール「モゲ AI」をお試しいただけます。あなたのビジネスアイデアを洗練し、最適な戦略へと導くパートナーとして、新たな発想を支援し、あなたの行動を加速させます。

特典3 「隣の金持ち起業女子はこうして誕生した！」インタビュー動画

すでに豊かな成功を手にしている女性起業家たちが、どのような戦略やマインドでビジネスを築いたのか。そのリアルな声から、明日へのヒントがきっと見つかります。

特典4 誰も知らない！億女になる人の学び方（スペシャル動画）

学校では教えてくれない月 7 桁、8 桁稼ぐ人たちの学び方を余すことなく共有するスペシャル動画です。その内容は、あなたの価値観や戦略を大きく揺さぶり、新たな可能性を拓いてくれるでしょう。

特典5 各章のチェックリスト

本書で学んだ内容を確実に身につけるために、各章ごとにポイントを整理したチェックリストをご用意しました。「今の自分に不足しているのは何か」「明日から何を実践すべきか」といった視点で、ビジネスの進め方をもう一度見直せます。

特典の受け取り方

LINE への登録方法

右記のQRコードをスマホで
読み込んでお友達追加を
行ってください。

https://eresa-publishing.co.jp/lngy

森瀬　繁智（モゲ）
億女メーカー＆作家

かつて3000万円の借金を抱え、働きすぎによるドクターストップを経験。資金が底を尽き、夫婦で土下座をしてお金を借りる生活を送るなど、どん底の日々を過ごしていた。しかし、その後、自らの人生を見直し、「楽しく、ラクに、笑いながら仕事ができる」新しいライフスタイル「ワライフ」を構築。これにより人生を一変させ、大成功を収める。現在では、セミナーや個別セッションにおいて「1回で人生20年分を飛び越える効果がある」と評されている。独自の手法でクライアントの長年の思い込み（ブロック）を笑いを交えながら的確に解消。そのアドバイスは「予想をはるかに超える斜め上の視点」と言われ、高額なセッションにも関わらず予約は数ヶ月待ちが続くほどの人気を誇る。特に女性起業家の支援に力を入れており、ゼロから月商7桁、8桁、さらには年で億を超えるクライアントを数多く育成。その実績から「億女メーカー」と呼ばれるようになる。海外でもセミナーを成功させており、ドバイ、香港、マカオ、シンガポール、バリ、ラスベガス、ハワイなどで開催したセミナーはいずれも大盛況。メディアにも多数取り上げられている。

著書一覧　『お金持ちスイッチ押しちゃう?』『LOVE & MONEY』（ともにマキノ出版）、『すごい！お金持ちチェンジ』（KADOKAWA）、『キミは「怒る」以外の方法を知らないだけなんだ』（すばる舎）、『まんがでよくわかるミリオネア・ハビット 幸せなお金が増え続ける習慣』（プレジデント社）、『キミは幸せな「お金持ち」になる方法を知らないだけなんだ』（すばる舎）の6冊を執筆。海外版も含めた累計部数は10万部を突破している。

主な役職　●一般社団法人 日本ワライフ推進協会 代表理事　●一般社団法人 お金の気持ち研究所 代表理事　●株式会社 WaLife 代表取締役　●オンラインサロン「幸せなお金持ち養成所（SOY）」校長

ホームページ ● http:// モゲ.com
フェイスブック ● https://www.facebook.com/mogenano
ブログ ● https://ameblo.jp/office-kansha/
インスタグラム ● https://www.instagram.com/moge_soy/
X ● https://x.com/officekansha

金持ち起業女子　貧乏起業女子　隣の女性起業家はなぜ成功しているのか？

2025年（令和7年）2月20日 第1刷発行

著　　者　森瀬　繁智（モゲ）
発 行 者　大竹 マニエル
編集協力　柴田 恵理

発 行 所　株式会社イーリサ　イーリサパブリッシング
〒150-0043 東京都渋谷区渋谷区道玄坂2丁目15番1号
TEL 050-5372-2568
https://eresa-publishing.co.jp/

発　　売　株式会社三省堂書店 / 創英社
〒101-0051 東京都千代田区神田神保町1丁目1番地
TEL 03-3291-2295 FAX 03-3292-7687

表紙・本文デザイン　studio_o
印刷・製本　シナノ書籍印刷株式会社

ISBN978-4-911147-02-3
落丁、乱丁本はお取り替え致します。